SIGNIFICADO DO PROTESTO NEGRO

Florestan Fernandes

SIGNIFICADO DO PROTESTO NEGRO

1ª EDIÇÃO

SÃO PAULO – 2017

Copyright © 2017, by Editora Expressão Popular

FUNDAÇÃO PERSEU ABRAMO
Instituída pelo Diretório Nacional do Partido dos Trabalhadores em maio de 1996.

Diretoria
Presidente: Marcio Pochmann
Vice-presidenta: Fátima Cleide
Diretoras: Isabel dos Anjos e Rosana Ramos
Diretores: Artur Henrique e Joaquim Soriano

Editora Fundação Perseu Abramo
Coordenação editorial: Rogério Chaves
Assistente editorial: Raquel Maria da Costa

Revisão: *Lia Urbini*
Projeto gráfico, diagramação e capa: *ZAP Design*
Fotos da capa: *Oswaldo Corneti/ Fotos Públicas (22/08/2014), Senhor e escravos [Foto Militão Augusto de Azevedo - reprodução]*
Impressão e acabamento: *Cromosete*

Dados Internacionais de Catalogação-na-Publicação (CIP)

F363s   Fernandes, Florestan
       Significado do protesto negro. / Florestan Fernandes. –
   1.ed.—São Paulo : Expressão Popular co-edição Editora da
   Fundação Perseu Abramo., 2017.
       160 p.

       ISBN Expressão Popular: 978-85-7743-296-7
       ISBN Fundação Perseu Abramo: 978-85-5708-053-9

       1. Negros – Condições sociais – Brasil. 2. Negros e a
   sociedade. 2. Protesto negro. I. Título.

                                                    CDD 305.896081
Catalogação na Publicação: Eliane M. S. Jovanovich CRB 9/1250

Todos os direitos reservados.
Nenhuma parte desse livro pode ser utilizada
ou reproduzida sem a autorização da editora.

1ª edição: junho de 2017

EDITORA EXPRESSÃO POPULAR
Rua Abolição, 201 – Bela Vista
CEP 01319-010 – São Paulo – SP
Tel: (11) 3522-7516 / 3105-9500
livraria@expressaopopular.com.br
www.facebook.com/ed.expressaopopular
www.expressaopopular.com.br

FUNDAÇÃO PERSEU ABRAMO
Rua Francisco Cruz, 234 Vila Mariana
04117-091 São Paulo – SP
www.fpabramo.org.br

SUMÁRIO

Apresentação a esta edição
Florestan Fernandes: luta de raças e de classes 7
Diogo Valença de Azevedo Costa

Prefácio 21

Um mito revelador 29

O negro e a democracia 37

Alienação e autoemancipação 43

O 13 de maio 49

O protesto negro 55

As tarefas políticas do protesto negro 65

Luta de raças e de classes 77

A classe média e os mulatos:
a questão dos "negros de alma branca" 89

O centenário da antiabolição 103

Nexos da cultura negra 111

O negro 121

As relações raciais em São Paulo reexaminadas 129

APÊNDICE

Homenagem a José Correia Leite 143

Consciência negra e transformação da realidade 147

Introdução 147

Pronunciamento em 22/11/1994 150

Emenda constitucional 153

Carta à liderança do PT 158

NOTA EDITORIAL

Gostaríamos de agradecer aos familiares de Florestan Fernandes – na pessoa de Florestan Fernandes Jr. – que, solidária e gentilmente, nos autorizaram a reedição deste livro. Agradecemos também a Heloisa Fernandes e a Vladimir Sacchetta, pelo apoio, e a Diogo Valença que prontamente aceitou a tarefa de preparar a apresentação deste volume.

Significado do protesto negro foi originalmente publicado pela editora Cortez/Autores Associados, em 1989. A atual edição, além de reproduzir na íntegra os textos da anterior, traz como anexo a proposta de emenda constituicional feita por Florestan Fernandes em 1994, quando Deputado Federal, que lança uma proposta muito completa de reparação ao povo negro; o seu pronunciamento a respeito desta emenda; bem como uma carta dirigida à liderança do PT na câmara por ocasião dessa proposta. Estes três textos foram publicados num folheto intitulado *Consciência Negra e transformação da realidade*, pela Câmara dos deputados.

Na atual conjuntura – de franco retrocesso para os trabalhadores – este livro se faz mais atual e relevante que nunca. Com ele, esperamos contribuir na formação de todos/as, tal como o autor do livro, comprometidos com os "de baixo" e com a construção de uma nova sociedade.

Com esta edição, sentimo-nos orgulhosos por possibilitar às novas gerações o acesso à obra de Florestan e por contribuir para manter seu legado teórico e político vivos.

Os editores

APRESENTAÇÃO A ESTA EDIÇÃO
FLORESTAN FERNANDES: LUTA DE RAÇAS E DE CLASSES

Diogo Valença de Azevedo Costa[*]

O nosso passado colonial deita raízes profundas na formação social brasileira. Ele faz parte da configuração do nosso capitalismo dependente e alimenta a divisão racial do trabalho e o racismo como forma de dominação política das camadas populares e das classes trabalhadoras. Não se trata de uma mera herança da escravidão, mas de uma situação atual que estrutura e dinamiza as relações sociais capitalistas no Brasil. Essa é a perspectiva política que podemos elaborar a partir da leitura do conjunto de textos reunidos em *Significado do protesto negro*, livro originalmente publicado em 1989 e que, agora, a Expressão Popular e a Editora da Fundação Perseu Abramo assumiram a honrosa e necessária tarefa de reeditar, juntamente com o folheto político *Consciência negra e transformação da realidade*, no qual

---

[*] Professor de Sociologia da Universidade Federal do Recôncavo da Bahia (UFRB) e colaborador da Escola Nacional Florestan Fernandes (ENFF).

dade, no qual consta o Projeto de Emenda Constitucional redigido em 1994 pelo então deputado federal Florestan Fernandes, referente ao capítulo "Dos Negros" contido no título "Da Ordem Social". À época o Partido dos Trabalhadores (PT) se posicionara contra a reforma constitucional e, em carta dirigida à liderança da bancada do PT na Câmara dos Deputados, Florestan Fernandes justificou seu ato de desobediência partidária, talvez o único em sua trajetória como parlamentar, como uma "objeção de consciência", tendo em vista o seu compromisso histórico com a luta do povo negro brasileiro.

A primeira aproximação mais permanente de Florestan Fernandes com a militância do movimento negro brasileiro ocorreu em fins da década de 1940 e início dos anos 1950, quando da realização da pesquisa, encomendada pela Unesco, sobre preconceito de cor e discriminação racial na cidade de São Paulo. Esse trabalho foi realizado em parceria com o antropólogo francês Roger Bastide, estudioso das religiões de matriz africana no Brasil. Em *O significado do protesto negro*, Florestan Fernandes nos presenteia com um rico depoimento sobre os horizontes políticos, teóricos e metodológicos sobre a investigação na cidade de São Paulo. No ensaio "As relações raciais em São Paulo reexaminadas", escrito em 1984, o autor relata que o método utilizado no Projeto Unesco envolvia uma abordagem histórica da "questão racial", apanhando conjuntamente as dimensões econômicas, políticas, ideológicas, sociais e culturais da situação do negro na passagem do regime escravista para a ordem social competitiva. Em termos de prática política no processo de obtenção de informações junto com as pessoas negras, a pesquisa foi altamente inovadora. Roger Bastide e

Florestan Fernandes convidaram para participar dos debates sobre as desigualdades raciais no Brasil a intelectualidade negra paulistana, muitos dos quais antigos militantes da Frente Negra Brasileira (1931-1937), fechada pela ditadura do Estado Novo getulista sob a alegação de provocar a eclosão de conflitos raciais até então inexistentes no país que simbolizava internacionalmente o paraíso da democracia racial. A Frente Negra Brasileira foi o primeiro movimento negro de caráter urbano e de massas no Brasil. As reivindicações da Frente diziam respeito à inserção e integração do negro na sociedade brasileira, exigindo uma igualdade de oportunidades de fato em conformidade com a liberdade e igualdade formais presentes na Constituição. Nesse sentido, os militantes da Frente atuavam em termos da valorização da família negra e na construção de uma solidariedade racial, com o propósito declarado de preparar os indivíduos negros para enfrentar a competição por espaços na nova ordem social competitiva em processo de formação no Brasil. Não era, portanto, um movimento que se opusesse à ordem burguesa e à sociedade de classes. A Frente Negra lutava por mudanças progressistas para o povo negro dentro dos limites da ordem social capitalista.

Um dos militantes homenageados por Florestan Fernandes em discurso parlamentar proferido em 20 de março de 1989, o qual consta como apêndice de *O significado do protesto negro*, foi José Correia Leite, que se dizia socialista. Um dos assistentes de pesquisa do Projeto Unesco, Renato Jardim Moreira, elaborou um estudo de caso sobre o movimento social no meio negro de São Paulo e levantou a história de vida de dois militantes da Frente Negra, o próprio José Correia Leite e Francisco Lucrécio. A Frente Negra Brasileira era muito ampla e no seu interior havia fortes divergências, coexistindo tendências mais moderadas ao lado da vertente socialista já mencionada e até mesmo de uma corrente de inspiração fascista, integralista, que girava em torno dos irmãos Veiga dos Santos, os quais julgavam ter edificado uma nova ideologia de salvação nacional, o *patrionovismo*. A simpatia maior de Florestan Fernandes era por José Correia Leite, que terminou se desligando da FNB por discordar das tentativas de manipulação política do movimento por alguns de seus membros. A figura de José Correia Leite foi imortalizada no belíssimo trabalho de Cuti (pseudônimo de Luiz Silva), ... *E disse o velho militante José Correia Leite* (1992). Ao que consta, Correia Leite foi amigo de Florestan Fernandes até o fim da vida.

Na sua tese de cátedra defendida em 1964, *A integração do negro na sociedade de classes*, no primeiro capítulo do segundo volume, intitulado *Os movimentos sociais no "meio negro"*, Florestan Fernandes traça um amplo panorama histórico do movimento negro no Brasil, concentrando-se nas décadas de 1930, 1940 e 1950, porém apontando as consequências duradouras desse protesto de cunho popular para a construção de uma nova imagem do negro e o desmascaramento do mito da democracia racial.

Outro intelectual importante, militante da FNB durante sua juventude, foi Abdias do Nascimento, por quem Florestan Fernandes alimentava grande admiração e respeito fraterno. Em *O negro no mundo dos brancos* (2007[1972]), livro que irá influenciar vários militantes do Movimento Negro Unificado nos anos 1970, Florestan Fernandes teceu comentários bastante elogiosos ao Teatro Experimental do Negro, de Abdias do Nascimento, que incorporou o debate sobre a ideologia da negritude como meio de valorização política da estética negra, cujo principal propósito se colocava pelo combate à imagem negativa e depreciativa de mulheres e homens negros. Representava, também, um caminho de luta contra a hegemonia cultural das elites brancas das classes dominantes, burguesas, que incorporavam a cultura negra de modo subalterno e folclorizado para sustentar a visão mistificadora do Brasil como um país harmônico da convivência racial. É de Abdias do Nascimento que Florestan Fernandes retira a noção de genocídio invisível do povo negro.

O militante socialista Florestan Fernandes sempre prestou sua solidariedade ativa à luta do povo negro, mas não fazia isso em tom paternalista identificando a questão racial como uma mera *questão étnica* ou tentando se colocar à frente da direção do movimento negro. Ele compreendia que a emancipação do negro constituía um movimento de autoemancipação e, nesse terreno, Florestan Fernandes se identificava mais como um companheiro de combate disposto a escutar e a aprender com a militância negra. Ele queria, na verdade, contribuir como militante socialista para o movimento de autoemancipação do negro brasileiro.

Nesse sentido, os escritos coligidos em *O significado do protesto negro* já representavam um grande amadurecimento político. Em suas primeiras publicações sobre a temática racial, Florestan Fernandes ainda apresentava como possibilidade histórica a noção de que a discriminação racial poderia desaparecer com a consolidação do capitalismo no Brasil. Isso, entretanto, nunca foi visto como um processo que ocorreria naturalmente, pois para Florestan Fernandes a eliminação da discriminação racial só seria possível mediante a luta política organizada do povo negro, junto com os aliados conquistados junto à população branca. Essa possibilidade histórica, a título de hipótese sociológica, se encontra sugerida nos livros *Brancos e negros em São Paulo* (1953) e em *A integração do negro na sociedade de classes* (1964), embora já se possa encontrar aí afirmações que levam a crer que o racismo poderia se tornar uma realidade estrutural e permanente do tipo de capitalismo dependente implantado no Brasil. Já em *O negro no mundo dos brancos* (1972), ele visualiza fortemente a possibilidade da sociedade capitalista brasileira incorporar e retroalimentar a discriminação racial como um instrumento político e ideológico de depreciação da luta de classes e exacerbação da superexploração do trabalho nos polos periféricos, subdesenvolvidos e dependentes do sistema econômico, cultural e político mundial. Nesses termos, a questão racial emerge como uma das questões fundamentais para compreendermos a construção política da categoria de capitalismo dependente em outras obras do Florestan Fernandes sociólogo e militante socialista. Em *O significado do protesto negro*, ele apresenta numa perspectiva dialética, marxista, a imbricação entre dominação racial e exploração capitalista. Uma perspectiva autenticamente revolucionária não pode impor limites dogmáticos à dialética marxista, a qual procura apanhar os movimentos e a complexidade do mundo social como uma "síntese de múltiplas determinações". No caso brasileiro e/ou mesmo da expansão imperialista em escala internacional, o racismo é um elemento constitutivo do próprio desenvolvimento capitalista. Tal compreensão política e teórica se encontra presente nas formulações de Florestan Fernandes sobre o capitalismo dependente.

A perspectiva política de *O significado do protesto negro* [1989] chama atenção para o potencial revolucionário da combinação recíproca da luta de raças e de classes, não o isolamento de uma e de outra. "Nada de isolar *raça* e *classe*. [...] a negação do mito da democracia racial no plano prático exige uma estratégia de luta política corajosa, pela qual a fusão de 'raça' e 'classe' regule a eclosão do Povo na história" (ver adiante, p. 36). Na interpretação marxista do Brasil, Florestan Fernandes assume a posição de que o método dialético deve incorporar outras situações sociais, não simplesmente redutíveis à visão classista da sociedade. A raça como categoria sociológica, a dominação patriarcal contra a mulher e outras formas de opressão podem e devem necessariamente estar presentes no movimento de crítica da realidade social criada pelo capitalismo dependente. Isso não significa uma postura eclética ou revisionista em relação ao marxismo, mas a necessidade mesma de enraizar a luta revolucionária das classes trabalhadoras e das camadas populares no Brasil em solo histórico nacional. Ele não deixa dúvidas a esse respeito e passa a conceber a superação do "dilema racial brasileiro" de um ponto de vista socialista. "Esse dilema liga entre si luta de classes e luta de raças (uma não esgota a outra e, tampouco, uma não se esgota na outra)" (ver adiante, p. 84). Em termos de método, Florestan Fernandes percebe essa confluência entre raça e classe como crucial para uma tomada de posição revolucionária e enriquecedora de uma dialética marxista:

> [...] existem duas polaridades, que não se contrapõem mas se interpenetram como elementos explosivos – a classe e raça. Se a classe tem de ser forçosamente o componente hegemônico, nem por isso a raça atua como um dinamismo coletivo

secundário. A lógica política que resulta de tal solo histórico é complexa. A fórmula "proletários de todo o mundo, uni-vos" não exclui ninguém, nem em termos de nacionalidades nem em termos de etnias ou de raças. Contudo, uma é a dinâmica de uma estratégia fundada estritamente na situação de interesses exclusivamente de classes; outra é a dinâmica na qual o horizonte mais largo estabelece uma síntese que comporte todos os interesses, valores e aspirações que componham o concreto como uma "unidade do diverso". Classe e raça se fortalecem reciprocamente e combinam forças centrífugas à ordem existente, que só podem se recompor em uma unidade mais complexa, uma *sociedade nova*, por exemplo. Aí está o busílis da questão no plano político revolucionário. Se além da classe existem elementos diferenciais revolucionários, que são essenciais para a negação e a transformação da ordem vigente, há distintas radicalidades que precisam ser compreendidas (e utilizadas na prática revolucionária) como uma unidade, uma síntese no diverso (ver adiante, p. 85).

Os militantes de vertentes diversas do movimento negro talvez possam discordar dessa visão da classe como um componente hegemônico, que traduz a perspectiva proletária de um inveterado militante socialista. O certo, porém, é que essa postura ideológica não impediu Florestan Fernandes, um dos quadros mais disciplinados do Partido dos Trabalhadores, de desobedecer às orientações partidárias em virtude daquilo que considerava seus compromissos históricos com o movimento negro. Ou seja, as discordâncias políticas e doutrinárias decorrentes de diferentes visões de mundo não impedem a defesa das mesmas bandeiras de luta contra o racismo. Em 1951, Florestan Fernandes discutiu coletivamente com a intelectualidade negra paulistana os limites da *lei contra o preconceito de raça ou de cor*, a qual ficou conhecida como Lei Afonso Arinos. No capítulo final de *Brancos e negros em São Paulo* (1953), Florestan Fernandes assim sintetizou as principais críticas feitas à época pelos intelectuais negros e, logo em seguida, aponta o seu posicionamento particular: a) o governo devia complementar a sua ação por meios diretos, especialmente de assistência econômica aos negros (esta ideia ocorre em grande número de depoimentos, embora não tenha sido transcrito nenhum deles); b) a lei poderá agravar a situação do negro, atirando sobre ele atenção ou a desaprovação dos brancos; c) a lei produzirá resultados, mas em escala reduzida, pois poderá ser burlada de várias maneiras; d) a lei não será aplicada, pura e simplesmente, já que não se pode esperar que o branco proceda policialmente contra o branco; e) a lei produzirá certos benefícios, todavia eles só serão usufruídos pelos negros que "subiram" socialmente, que exercem profissões liberais e pertencem às classes médias. Sem dúvida, essas atitudes são incongruentes entre si, o que infelizmente não poderemos analisar aqui. Convém frisar, no entanto, que o tópico b) diz respeito à atitude de negros que permanecem identificados com os brancos, os quais temem as consequências da lei, em particular no que concerne à continuidade da aceitação dos negros em determinados círculos sociais. As personalidades negras em questão acham que a ascensão econômica e social dos negros, lentamente, os porá em condições de manter um intercâmbio social mais estreito com os brancos. A lei representa, segundo o ponto de vista que sustentam, uma interferência artificial nesse processo, com um grave risco em perspectiva: o de intensificar a hostilidade do branco contra o negro ou, pelo menos, de agitar fatos que deveriam ser mantidos discretamente no olvido (Bastide, Fernandes, 2008 [1953], p. 255-256).

 Mais de cinquenta anos depois, nos debates sobre as políticas de cotas e ações afirmativas, o Estatuto da Igualdade Racial e lei 10.639/03, que versa sobre a obrigatoriedade da temática "história e cultura afro-brasileira" na rede de ensino, os mesmos dilemas raciais parecem ser enfrentados no Brasil. No caso dos intelectuais brancos que se contrapuseram a tais iniciativas, evidencia-se a dificuldade de enxergar a si próprios como privilegiados em relação a um sistema de estratificação racial que impõe aos negros um lugar subalterno nas diferentes instâncias da sociedade brasileira e, por isso, de reconhecerem a realidade do racismo. A postura ambígua do negro que se identifica com o opressor branco hoje é mais difícil de ser encontrada, devido à militância incansável dos movimentos negros, que realizaram ao longo dos anos um trabalho valoroso de construção da uma ideologia de desmascaramento racial. No entanto, ainda encontramos indivíduos negros, provenientes de grupos conservadores de direita de inclinações fascistas como o Movimento Brasil Livre (MBL), que atacam as conquistas históricas da população afrodescendente brasileira, evidenciando o quanto o Brasil ainda se apresenta como uma sociedade atrasada e arcaica nos marcos contemporâneos do capitalismo dependente.

Assessorado pelo movimento negro e assumindo uma tarefa política precursora, a proposta de Emenda Constitucional do então deputado Florestan Fernandes contemplava em oito parágrafos situações diversas para a melhoria das condições de vida dos afrodescendentes no Brasil, destacando-se entre elas o dever do poder público em fornecer bolsas de estudo a crianças, jovens e adultos negros que permitissem de fato sua manutenção e a necessidade de se ensinar a verdadeira história de luta e resistência dos povos negros e indígenas. Na contramão da história, o deputado federal Florestan Fernandes escreveu o referido projeto de emenda à Constituição num momento de forte hegemonia neoliberal na década de 1990, isto é, uma situação altamente desfavorável para a conquista de direitos sociais. Alguns dos direitos defendidos no projeto de emenda constitucional vieram muito mais tarde e encontram-se, infelizmente, ameaçados diante do cenário atual, pois hoje se repete no Brasil uma situação semelhante à do passado, ou talvez muito pior graças ao golpe jurídico, policialesco, parlamentar e midiático que conduziu Michel Temer à presidência da república, em 2016.

As ideias contidas em *Significado do protesto negro* (1989), redigidas com as convicções de um socialista militante, servem de exemplo para os movimentos populares da atualidade que lutam contra a ordem burguesa do capitalismo dependente. Esses movimentos devem incorporar às suas bandeiras a luta contra o racismo, pois ele faz parte dessa mesma ordem burguesa sob o capitalismo dependente. Na penetração dos interesses do grande capital no campo e na cidade, na concentração das terras em mãos de empresas transnacionais, na usurpação dos modos de vida de povos indígenas e comunidades quilombolas, na espoliação urbana, na superexploração do trabalho e na marginalização das massas populares, em todas essas realidades encontramos a presença de mulheres e homens negros duramente privados das condições mínimas de uma existência humana digna e de seus direitos de cidadãs e cidadãos brasileiros.

A Expressão Popular em parceria com a Editora da Fundação Perseu Abramo prestam um grande serviço aos movimentos sociais críticos da ordem capitalista e a toda nação brasileira ao reeditar o presente livro, o mais importante legado político de Florestan Fernandes na luta contra o racismo e suas consequências devastadoras sobre a produção e reprodução da exploração do trabalho no capitalismo dependente.

Referências bibliográficas

FERNANDES, Florestan. *O significado do protesto negro*. São Paulo: Cortez/Autores Associados, 1989.

_____ *Consciência negra e transformação da realidade*. Brasília: Câmara dos Deputados, 1994.

_____ *O negro no mundo dos brancos*. 2ª ed. rev. São Paulo: Global, 2007 [1972].

_____ *A integração do negro na sociedade de classes*. 5ª ed. São Paulo: Globo, 2008a[1964].

_____ *Brancos e negros em São Paulo*. 4ª ed. rev. São Paulo: Global, 2008b[1953].

LEITE, José Correia, CUTI (Luiz Silva). ... *E disse o velho militante José Correia Leite*. São Paulo: Secretaria Municipal de Cultura.

PREFÁCIO

A pesquisa feita em 1951, dirigida pelo professor Roger Bastide e por mim, nasceu sob um signo prático. A Unesco pretendia sensibilizar o governo para a adoção de medidas legais favoráveis ao negro e ao mulato e demonstrar que negros e brancos podem conviver "democraticamente". Essa é a ideia corrente no exterior, fomentada pela mesma hipocrisia que impera no Brasil: nós somos o paraíso tropical da convivência democrática das raças. A questão seria meramente "social", como se as formas de discriminação, segregação e preconceito dos Estados Unidos e da África do Sul não fossem também uma "questão social", que deita raízes em um passado colonial recente e nas sequelas que ele produziu e que ainda não foram ultrapassadas...

Essa consciência falsa é fomentada por uma propaganda tenaz, na qual se envolvem órgãos oficiais do governo, personalidades que deveriam ter uma posição crítica em relação ao nosso dilema racial e livros que representam o português, o seu convívio com os escravos e a Abolição sob o prisma dos brancos da classe dominante. Excetuando-se alguns raros autores, a imagem autêntica da realidade histórica passou a circular graças à imprensa negra, aos movimentos sociais no meio negro e ao teatro experimental do negro. A pesquisa sociológica desvendou com maior rigor e objetividade a situação racial brasileira, e os principais sociólogos brasileiros, que contribuíram para isso, viram a façanha ser incluída em suas fichas policiais de agitadores e concorrer para a sua exclusão da universidade e, por vezes, do país. Essa "democracia", que teme a verdade e reprime os que a difundem, oferece o retrato por inteiro do medo do negro e de seus descendentes mestiços. E mostra que a repressão e a violência não podem impedir que eles se projetem como agentes de sua autoemancipação coletiva e de criação de uma nova sociedade, com outro solo histórico.

Para mim, e talvez para o professor Roger Bastide, a prática social transformadora não devia se encerrar no plano legal. Em nosso livro,* redigido em comum, coube-me focalizar os efeitos e as limitações da "lei Afonso Arinos", que apontavam na direção da necessidade de medidas mais drásticas e eficientes. Desde que descobri o que se ocultava por trás do "emparedamento do negro" (expressão usada pelos líderes dos movimentos sociais), os meus sonhos iam na direção de uma rebelião consciente e organizada dos negros, que detonasse uma transformação democrática e igualitária da nossa ordem social. Os negros são os testemunhos vivos da persistência de um colonialismo destrutivo, disfarçado com

---

* *Relações raciais entre negro e branco em São Paulo.* 3ª ed., São Paulo: Editora Nacional, 1959.

habilidade e soterrado por uma opressão inacreditável. O mesmo ocorre com o indígena, com os párias da terra e com os trabalhadores semilivres superexplorados das cidades. Por que o negro? Porque ele sofreu todas as humilhações e frustrações da escravidão, de uma Abolição feita como uma revolução do branco para o branco e dos ressentimentos que teve de acumular, vegetando nas cidades e tentando ser gente, isto é, cidadão comum. O negro surgia como um símbolo, uma esperança e o teste do que deveria ser a democracia como fusão de igualdade com liberdade.

Comparativamente, as diferenças entre a situação racial brasileira de 1951 (e 1954, quando ampliei a sondagem empírica) e a situação racial de hoje são de pequena monta. Quase quatro décadas depois, a maioria da população negra forma um bolsão de excluídos – da riqueza, da cultura e do poder. Aumentou a participação relativa de uma rala minoria, as migrações internas elevaram sua concentração em diferentes tipos de cidades inchadas e a ascensão social – especialmente em São Paulo, objeto da investigação – escancarou algumas vias para o aparecimento de uma diferenciação mais acentuada dentro da população negra, pondo lado a lado os "peões" e os operários qualificados, uma pequena burguesia negra mais ou menos consolidada, um agregado de "classe média de cor" e uns poucos "negros ricos ou milionários". Trata-se do início de uma nova era, dentro do capitalismo. Mas um começo nada promissor, porque o processo de diferenciação é lento, sinuoso, com constantes vaivéns. Porém, que contraste com as trágicas realidades que permearam sua exclusão do mercado de trabalho, no alvorecer do século XX, e com o que veio em seguida, de 1900 a 1930, que despertou a ira dos negros mais rebeldes e os incentivou a desencadear um movimento social de estilo moderno, de sentido cívico e urbano – o primeiro que assinala a luta de uma "minoria", que é majoritária, em nossa evolução histórica. Os êxitos relativos haviam afastado as elites negras dos movimentos sociais, desde a década de 1940 e com maior intensidade posteriormente. A cultura negra incorporou a acefalização e a aceitação tácita de uma condição ambígua como um preço a pagar. A identidade com a rebeldia e a rejeição ficara, pois, nas mãos dos negros oprimidos e que não queriam aceitar a ascensão social como uma catástrofe moral. Portanto, a radicalização desliza para baixo e torna-se seletiva entre os outros estratos sociais daquela população. Ela se aloja nos movimentos sociais que não eram especificamente negros, nos sindicatos, em organizações culturais humanitárias ou de justiça social e nos partidos de esquerda. Os grandes partidos da ordem recorrem à manipulação clientelista e ao fisiologismo, cooptando negros que já podem concorrer na arena política por cargos públicos expressivos. Mas essa investida é repelida pela maioria, e o negro radical se aloja nos partidos de esquerda, principalmente no PT. Transcorrera uma mudança de avaliações nesses partidos. Em 1951 enfrentamos a resistência do PCB, que teimava em separar raça e classe e considerava a questão racial como exclusivamente de classe. As descobertas sociológicas e o clamor dos trabalhadores e militantes negros modificaram a consciência da situação. De outro lado, mesmo no seio da esquerda, a percepção da realidade dos negros demonstrou que o próprio companheiro branco nunca estava isento do preconceito e da discriminação ou que os partidos de esquerda avançaram sobre uma pregação igualitária que estavam longe de praticar. Seria preciso dar tempo ao tempo e moldar uma personalidade democrática, que não poderia nascer pronta e acabada em um átimo. Ouvi e tive de debater honestamente críticas ao PT e à CUT. Contudo, ainda não chegamos à sociedade que pretendemos construir e ao homem novo, que ela deverá gerar! O último capítulo de *O negro no mundo dos brancos* constitui um dos ensaios mais sofridos e sinceros que escrevi. Mas, na ansiedade de ver mudanças mais rápidas e profundas, imputei ao negro um papel radical que ele não poderia desempenhar, ainda menos sozinho. A nossa situação racial foi elaborada ao longo do desenvolvimento do modo de produção escravista e da sociedade senhorial. Atentei logo o quanto o passado moldara o presente, pois tratei do assunto no primeiro livro, a ele voltei nos outros e em 1965 escrevi um ensaio sobre o peso do passado. É preciso extirpar esse passado para que nos livremos dele. Essa não é uma tarefa exclusiva dos negros mais firmes e conscientes. Ela pertence a todos nós – e as transformações recentes permitem que nos unamos no mesmo combate, com os irmãos e companheiros negros à frente. A dispersão dos negros mais ou menos revoltados por toda uma rede institucional ativa facilita esse processo e lhe confere uma prioridade e uma urgência que são realmente novas. O clima cindido das comemorações do 13 de Maio e do centenário da Abolição demonstra que os tradicionalistas operam a partir de cima e não contam com força para preservar seus mitos. Há um impulso coletivo, que procede de baixo, e redefine a ótica dos que se querem enxergar diante do espelho com a pele de cordeiros ou a natureza de democratas. A ótica nova é implacável, tanto na definição da realidade existente quanto no desdobramento do que deve ser feito para que o Brasil mereça o conceito de sociedade plurirracial democrática.

As mentiras desabam. Mas as verdades se objetivam e se impõem devagar. Elas exigem que o negro não se separe do todo, como o fez por inclinação e necessidade o senhor de escravos. A camada senhorial encarava o escravo como uma coisa, um "fôlego vivo", ou seja, um animal e uma mercadoria. Ele não fazia parte da sociedade estamental, era excluído como uma casta e dentro dela não contava como uma pessoa, dotada da condição para valer-se de direitos e deveres. Na sociedade capitalista e como trabalhador assalariado, ele desfruta de uma posição social e pode associar-se livremente para alterar o *status quo*. A classe não o expulsa, integra-o ao sistema de trabalho e à estrutura social do modo de produção capitalista. Ele pode ser, assim, duplamente revolucionário – como proletário e como negro. Se não conta com razões imperativas para defender a ordem existente, ele tem muitos motivos para negá-la, destruí-la e construir uma ordem nova, na qual raça e classe deixem de ser uma maldição. Por essa razão, os de cima estão tão atentos aos movimentos negros, suas simpatias pelos partidos de esquerda, suas atividades no PT e seu ânimo de converter um mito no túmulo dos que o inventaram.

Os escritos reunidos neste livro nasceram dessa comunhão de luta política. Eles não me separam, me ligam mais estreitamente ao papel do investigador. Só em uma sociedade perfeita a pesquisa sociológica poderia pairar acima do bem e do mal. A fórmula comtiana é conhecida: conhecer para prever. Ou seja, conhecer para dominar melhor as forças da natureza e da sociedade, multiplicar a autoridade dos que mandam. A fórmula marxista é oposta: passemos da explicação para a modificação do mundo. O negro nega duplamente a sociedade na qual vivemos – na condição racial e na condição de trabalhador. A interação de raça e classe existe objetivamente e fornece uma via para transformar o mundo, para engendrar uma sociedade libertária e igualitária sem raça e sem classe, sem dominação de raça e sem dominação de classe. O nosso debate e o fim do nosso movimento é esse. No Brasil não se pode proclamar simplesmente: "proletários de todo o mundo, uni-vos". A nossa bandeira não arca com as contingências do eurocentrismo, inerente ao capital industrial emergente. Ela se confronta com o sistema de poder mundial do capitalismo financeiro e oligopolista (ou monopolista). E nos dita: "proletários de todas as raças do mundo, uni-vos". A consequência é a mesma. Eliminar a classe como meio de exploração do trabalhador e de preservação das desigualdades e das iniquidades, que ela determina, inclusive as raciais. Isso significa, em nossa sociedade, proletários negros e brancos, uni-vos para forjar *a sua sociedade, não a dos capitalistas*. O que não é simples, porque o negro deve emancipar-se coletivamente em termos de sua condição racial e como força de trabalho.*

Poá, 7 de fevereiro de 1989

---

* Os escritos coligidos neste volume giram em torno do mesmo tema. Por isso, certas análises se repetem, às vezes com variação de contexto e sempre dentro de uma configuração de sentido diverso. Como se trata de um panfleto de estímulo à consciência crítica e à pugna política libertária, achei que isso não impede e diminui (ao contrário, aumenta) a importância do livro. A questão da democracia racial se põe, assim, nua e cruamente, da perspectiva negra e afro-brasileira.

UM MITO REVELADOR*

Os mitos existem para esconder a realidade. Por isso mesmo, eles revelam a realidade íntima de uma sociedade ou de uma civilização. Como se poderia, no Brasil colonial ou imperial, *acreditar* que a escravidão seria, aqui, por causa de nossa "índole cristã", mais humana, suave e doce que em outros lugares? Ou, então, propagar-se, no ocaso do século XIX, no próprio país no qual o partido republicano preparava-se para trair simultaneamente à ideologia e à utopia republicanas, optando pelos interesses dos fazendeiros contra os escravos, que a ordem social nascente seria *democrática*? Por fim, como ficar indiferente ao drama humano intrínseco à Abolição, que largou a massa dos ex-escravos, dos libertos e dos ingênuos à própria sorte, como se eles fossem um simples bagaço do antigo sistema de produção? Entretanto, a ideia da democracia racial não

---
* *Relações raciais entre negro e branco em São Paulo.* 3ª ed., São Paulo: Editora Nacional, 1959.

só se arraigou. Ela se tornou um *mores*, como dizem alguns sociólogos, algo intocável, a pedra de toque da "contribuição brasileira" ao processo civilizatório da Humanidade. Ora, a revolução social vinculada à desagregação da produção escravista e da ordem social correspondente não se fazia para toda a sociedade brasileira. Seus limites históricos eram fechados, embora seus dinamismos históricos fossem abertos e duráveis. Naqueles limites, não cabiam nem o escravo e o liberto, nem o "negro" ou o "branco pobre" como categorias sociais. Tratava-se de uma revolução das elites, pelas elites e para as elites; no plano racial, de uma revolução do BRANCO para o BRANCO, ainda que se tenha de entender essa noção em sentido etnológico e sociológico. Colocando-se a ideia de democracia racial dentro desse vasto pano de fundo, ela expressa algo muito claro: um meio de evasão dos estratos dominantes de uma classe social diante de obrigações e responsabilidades intransferíveis e inarredáveis. Daí a necessidade do mito. A falsa consciência oculta a realidade e simplifica as coisas. Todo um complexo de privilégios, padrões de comportamento e "valores" de uma ordem social arcaica podia manter-se intacto, em proveito dos estratos dominantes da "raça branca", embora em prejuízo fatal da Nação. As elites e as classes privilegiadas não precisavam levar a revolução social à esfera das relações raciais, na qual a democracia germinaria espontaneamente... Cinismo? Não! A consciência social turva, obstinada e mesquinha dos egoísmos enraizados, que não se viam postos à prova (antes, se protegiam) contra as exigências cruéis de uma estratificação racial extremamente desigual.

Portanto, nem o branco "rebelde" nem a República enfrentaram a descolonização, com a carga que ela se impunha, em termos das estruturas raciais da sociedade. Como os privilégios construídos no período escravista, estas ficam intocáveis e intocadas. Mesmo os abolicionistas, de Nabuco a Patrocínio, procuram separar o duro golpe do abolicionismo do agravamento dos "ódios" ou dos "conflitos" raciais.* Somente Antônio Bento perfilha uma diretriz *redentorista*, condenando amargamente o engolfamento do passado no presente, através do tratamento discriminativo e preconceituoso do negro e do mulato.** Em consequência, o mito floresceu sem contestação, até que os próprios negros ganharam condições materiais e intelectuais para erguer o seu protesto. Um protesto que ficou ignorado pelo meio social ambiente, mas que teve enorme significação histórica, humana e política. De fato, até hoje, constitui a única manifestação autêntica de populismo, de afirmação do povo humilde como agente de sua autoliberação. O protesto negro se corporificou e floresceu na década de 1930, irradiando-se pouco além pela década subsequente.*** Foi sufocado pela indiferença dos brancos, em geral; pela precariedade da condição humana da *gente negra*; e pela intolerância do Estado Novo diante do que fosse *estruturalmente democrático*.

O principal feito do protesto negro configura-se na elaboração de uma contraideologia racial. Por um jogo dialético, o farisaísmo do branco rico e dominante era tomado ao pé da letra; e o liberalismo vazio, acima de tudo, via-se saturado em todos os níveis. O negro assume o papel do *burguês conquistador* (ou do "notável" iluminista) e comporta-

---

* Para documentar, cf. Florestan Fernandes, *A integração do negro na sociedade de classes*. 3ª ed., São Paulo: Ática, 1978, vol. 1, p. 258-259.
** *Idem, ibidem*, p. 82-83.
*** Cf. *idem, ibidem*, vol. 2, todo o capítulo I.

-se como *o* paladino da causa da democracia e da ordem republicana. Não era propriamente um *teatro popular*, que se montava como o tribunal dos justos. Porém, tudo se desenrola através de dois planos, por meio dos quais o jogo cênico e a realidade se interpenetram. O que resulta é uma cabal e indignada desmistificação: na lei, a ordem é uma; nos fatos, é outra; na consciência, as variações não são registradas. O negro desmascara e, ao mesmo tempo em que ergue a sua denúncia e mostra a sua ira, exige uma *Segunda Abolição*. Em suma, clama por participar da revolução social que não o atingiu, levantando o véu de uma descolonização que ficara interrompida desde a Proclamação da Independência e indicando sem subterfúgios os requisitos (*sine qua non*) da democracia racial. O protesto se confinara à ordem estabelecida. Mas era autêntico e revolucionário, pois exigia a plena democratização da ordem republicana – através das raças e contra os preconceitos e privilégios raciais.

A eclosão liberal de após Segunda Guerra Mundial não liberou as forças sociais que alimentaram o protesto negro. Ao contrário, este refluiu e apagou-se, enquanto as energias da gente negra forçavam a democratização e a igualitarização progressiva pelos subterrâneos da porosidade de uma sociedade capitalista em crescimento desigual. O talento negro condena-se à seleção ao acaso, à venda no mercado e às duras regras da acefalização das *raças dominadas*, perdidas nas classes subalternas. O *novo negro*, que se afirma como categoria social, e assusta o branco conformista, tradicionalista ou autoritário, não é um rebento do protesto negro, mas da luta pela vida e do êxito na competição inter-racial numa sociedade de classes multirracial. Por aí, a modernização generaliza-se às elites em formação do meio negro e cria um "novo começo",* que procurei descrever sob alguns de seus aspectos mais importantes ou fascinantes.

Essa evolução faz com que, em pleno fim do século, a descolonização não tenha penetrado profundamente na esfera das relações e das estruturas raciais da sociedade brasileira. No último censo em que o levantamento racial foi contemplado, o de 1950, os números demarcavam que o desenvolvimento desigual era ainda mais desigual no que diz respeito à estratificação racial. De Norte a Sul, dos Estados tidos como "tradicionalmente mais democráticos" aos que foram contemplados como representativos de um "racismo importado", prevalece a mesma tendência estrutural à extrema desigualdade racial – à centralização e à concentração raciais da riqueza, do prestígio social e do poder.** Tanto a estrutura ocupacional quanto a pirâmide educacional deixam uma participação ínfima para o negro e o mulato, assinalando uma quase exclusão e uma marginalização sistemática e desvendando, inclusive, que, na luta pelas oportunidades tão desiguais e sonegadas, há uma desigualdade adicional entre o negro e o mulato (pois este *vara* relativamente melhor várias das barreiras raciais camufladas).

Os fatos – e não as hipóteses – confirmam que o mito da democracia racial continua a retardar as mudanças estruturais. As elites, que se apegaram a ele numa fase confusa, incerta e complexa de transição do escravismo para o trabalho livre, continuam a usá-lo como expediente para "tapar

---
* Cf. *idem, ibidem*, todo o capítulo II.
** Cf. Florestan Fernandes, *O negro no mundo dos brancos*. São Paulo: Difusão Europeia do Livro, 1972; esp. o capítulo III. Sobre o assunto, de outra perspectiva, cf. C. A. Hasenbalg, *Discriminação e desigualdades raciais no Brasil*. Rio de Janeiro: Graal, 1979, cap. VII.

o sol com a peneira" e de autocomplacência valorativa. Pois consideremos: o mito – não os fatos – permite ignorar a enormidade da preservação de desigualdades tão extremas e desumanas, como são as desigualdades raciais no Brasil; dissimula que as vantagens relativas "sobem" – nunca "descem" – na pirâmide racial; e confunde as percepções e as explicações – mesmo as que se têm como "críticas", mas não vão ao fundo das coisas – das realidades cotidianas. Onde não existe sequer democracia para o dissidente branco de elite haveria democracia racial, *democracia para baixo*, para os que descendem dos escravos e libertos negros ou mulatos?! Poderia existir democracia racial sem certas equivalências (não digamos *igualdades*) entre todas as raças?

A tenacidade do mito e a importância de suas funções para a *"estabilidade da ordem"* exigem uma reflexão política séria. De um lado, fica patente que o negro ainda é o fulcro pelo qual se poderá medir a revolução social que se desencadeou com a Abolição e com a proclamação da República (e que ainda não se concluiu). De outro, é igualmente claro que, no Brasil, as elites não concedem espaço para as camadas populares e para as classes subalternas *motu próprio*. Estas têm de conquistá-lo de tal forma que o avanço apareça como "fato inevitável" e "consumado". O que quer dizer que, em sua tentativa de desmascaramento e de autoafirmação, o protesto negro antecipou a substância da realidade histórica do presente que estamos enfrentando com tantas angústias e sobressaltos. Cabe às classes subalternas e às camadas populares revitalizar a República democrática, primeiro, para ajudarem a completar, em seguida, o ciclo da revolução social interrompida, e, por fim, colocarem o Brasil no fluxo das revoluções socialistas do século XX. O que sugere a complexidade do formoso destino que cabe ao negro na cena histórica e no vir-a-ser político. A revolução da qual ele foi o motivo não se concluiu porque ele não se converteu em seu agente – e, por isso, não podia levá-la até o fim e até o fundo. Hoje, a oportunidade ressurge e o enigma que nos fascina consiste em verificar se o negro poderá abraçar esse destino histórico, redimindo a sociedade que o escravizou e contribuindo para libertar a Nação que voltou as costas à sua desgraça coletiva e ao seu opróbrio.

Essa interpretação global contém uma mensagem clara aos companheiros que tentam refundir e reativar o protesto negro. É preciso evitar o equívoco do "branco de elite", no qual caiu a primeira manifestação histórica do protesto negro. Nada de isolar *raça e classe*. Na sociedade brasileira, as categorias raciais não contêm, em si e por si mesmas, uma potencialidade revolucionária. De onde vinha o temor dos brancos, nos vários períodos escravistas? Do entroncamento entre a escravidão e estoques raciais dos quais eram retirados os contingentes que alimentavam o trabalho escravo. Essa superposição ou paralelismo (como a descreveu Caio Prado Júnior) ou essa estrutura simultaneamente racial e social conferia ao escravo a condição do "vulcão que ameaçava a sociedade". A realidade histórica de hoje não é a mesma. Não obstante, desvinculada da estrutura de classes da sociedade brasileira atual, da marginalização secular que tem vitimado o negro nas várias etapas da revolução burguesa e da exploração capitalista direta ou da espoliação inerente à exclusão, os estoques raciais perdem o seu terrível potencial revolucionário e dilui-se o significado político que o *negro* representa como limite histórico da descolonização (negativamente) e da revolução democrática (positivamente). Portanto, para ser ativada pelo negro e pelo mulato, a negação do mito da democracia racial no plano prático exige uma estratégia de luta política corajosa, pela qual a fusão de "raça" e "classe" regule a eclosão do Povo na história.

O NEGRO E A DEMOCRACIA*

De uma perspectiva negra, há pouco interesse no debate formal sobre a democracia e sobre o papel que a nova constituição pode desempenhar para consolidar uma República burguesa democrática. O regime capitalista lança, aqui, suas raízes no passado colonial, na produção escravista e no apogeu que esta alcançou *depois da Independência*. A escravidão atingiu o seu ponto alto, como fator de acumulação interna de capital, não antes, mas depois que se constituiu um Estado nacional. Isso pode parecer um paradoxo. Mas não é. As estruturas coloniais de organização da economia, da sociedade e do poder só conheceram sua plenitude quando os senhores de escravo organizaram sua própria forma de hegemonia. O trabalho escravo passou a gerar um excedente econômico que não ia mais para fora na mesma proporção que anteriormente e sobre ele se

---

* *Raça & Classe.* Órgão de informação e divulgação da Comissão do Negro do PT-DF, Ano 141, nº 1, junho/julho 1987, Brasília-DF; *Humanidades*, Universidade de Brasília, agosto/outubro 1987, p. 69-71.

alicerçou a primeira expansão do capital comercial dentro do país.

A crise da produção escravista prende-se à proibição do tráfico e às represálias inglesas contra os "navios negreiros", procedentes da África. A substituição da mão de obra tomou-se um problema econômico e político. Havia uma "reserva interna" de mão de obra escrava, que se concentrava nas minas e nos centros de produção do Nordeste. Quando o café apareceu como o produto de exportação que iria comandar a vida econômica do Rio de Janeiro, Minas Gerais e São Paulo, essa reserva foi deslocada. Todavia, existia uma ameaça sombria: como enfrentar o dilema do desaparecimento do trabalho produtivo? Formularam-se projetos de "preparação do escravo e do liberto para o trabalho livre". Porém, esses projetos não prosperaram tão solidamente como se poderia esperar. Logo se descobriu que a imigração punha à disposição dos fazendeiros e do crescimento econômico urbano outro tipo de reserva de mão de obra, a custos baixos. As leis emancipacionistas golpearam ainda mais o modo de produção escravista e fortaleceram as duas preocupações, a da preparação do negro para o trabalho livre e a da importação de imigrantes, como mão de obra barata. Por fim, prevaleceu a última tendência. A escravidão se esboroou, mas o substituto e o sucessor do escravo não foi o trabalhador negro livre, mas o trabalhador branco livre estrangeiro ou então o homem pobre livre, mestiço ou branco, porém sempre marginalizado sob o regime de produção escravista.

Essa recapitulação parece levar-nos a fatos longínquos e sem relação com o presente. No entanto, ela é crucial. A moldura histórica da desagregação do modo de produção escravista e da substituição do trabalho escravo pelo trabalho livre evidencia uma última espoliação dos antigos escravos, libertos e imaturos no Brasil. O negro só encontrou alguma oportunidade de transição balanceada ou quando submergia na economia de subsistência através das migrações que se sucederam à Abolição, pois os antigos escravos buscavam as regiões de origem, ou quando permanecia nas áreas que entravam em decadência e em estagnação econômica relativa. O trabalho livre não contou como uma fonte de libertação do homem e da mulher negros: ele os coloca em competição com os imigrantes em condições desiguais. Os empregadores consideravam os "trabalhadores livres" recém-chegados uma opção melhor, mais racional e compensadora! Protegida pela experiência de trabalho nos sobrados e nas casas-grandes, a mulher negra dispunha de muitas oportunidades de emprego. O homem negro, no entanto, foi peneirado ou selecionado negativamente. Empurrado para a franja dos piores trabalhos e de mais baixa remuneração, ele se sentiu, subjetivamente, como se ainda estivesse condenado à escravidão. Em muitos lugares, preferiu não aceitar as oportunidades de trabalho acessíveis e desenvolveu uma espécie de parasitismo destrutivo sobre a companheira negra. O quadro negativo se completava porque, com o advento da República, só teoricamente era livre e cidadão. Como outros homens pobres, mestiços e brancos, brasileiros e estrangeiros, o negro não é cidadão – nem mesmo um cidadão de segunda ou terceira categoria. O estudo da cidade de São Paulo, que fiz com o professor Roger Bastide,* demonstrou que mais de meio século decorreria antes que o negro pudesse começar

---

* *Brancos e negros em São Paulo.* 2ª ed. São Paulo: Editora Nacional, 1959.

a bater-se pela conquista da cidadania, um processo longo e doloroso, no qual ainda se acha mergulhado. Essa discussão sugere a complexidade dos dilemas que são enfrentados pelos negros, quando se fala de democracia. Para eles democracia quer dizer *democracia racial*, uma transformação simultânea de relações raciais e de relações de classes, nas quais se acham envolvidos. Existem barreiras sociais e, ao lado delas, barreiras raciais na luta pela conquista de "um lugar ao sol" e da "condição de gente". Muitos afirmam que o preconceito de cor é um fenômeno de classe e que no Brasil não existem barreiras raciais. Todavia, estas se manifestam de vários modos e são muito fortes. Aqueles que conseguem varar as barreiras sociais, qualificando-se como técnicos ou como profissionais liberais, logo se defrontam com barreiras raciais. Promoção, reconhecimento de valor e acesso a vários empregos são negados por causa da condição racial, embora os pretextos apresentados escondam as razões verdadeiras. Para a massa de população negra a questão é ainda mais grave que para suas elites. Ela se vê expulsa da sociedade civil, marginalizada e excluída. E defronta-se com o peso de um bloqueio insuperável e de uma forma de dominação racial hipócrita, extremamente cruel e camuflada, que aumenta a exploração do negro, anula suas oportunidades sociais, mas, ao mesmo tempo, identifica o Brasil como um país no qual reina harmonia e igualdade entre as raças. A armadilha faz a cabeça do negro, que se desorienta e com frequência acaba capitulando, como se ele fosse responsável pelos "seus fracassos".

Em um estudo que fiz, com dados do censo de 1940, descobri que a distribuição desigual das oportunidades vai das ocupações à educação e é tão forte, em termos relativos, em São Paulo quanto na Bahia. Em estudo posterior, sobre dados mais recentes, Eduardo Matarazzo Suplicy constatou a mesma coisa. Não há, aí, só "comprovação empírica" de um estudo pelo outro. Há algo pior. Cotejados entre si, os dois estudos demonstram como é lenta a transformação das relações de classe que se cruzam com as relações de raça. E como é urgente que o negro se organize, como o fez no passado (nas décadas de 1930 e de 1940, em São Paulo e no Rio de Janeiro), em movimentos sociais que tenham por objetivo destruir as barreiras sociais e as barreiras raciais que são obstáculos à sua participação na economia, na sociedade civil, na cultura, no Estado etc., em condições de igualdade com os brancos de posição de classe análoga. Marx e Engels afirmaram que a emancipação coletiva dos trabalhadores deve ser realizada pelos próprios trabalhadores. Essa afirmação também é verdadeira com referência aos negros. Cabe-lhes conquistar a sua autoemancipação coletiva, liberando-se de uma situação desumana, ultrajante e insustentável, que nos prende ao passado e a padrões de dominação racial obsoletos.

Desse ângulo, o negro vem a ser a pedra de toque da revolução democrática na sociedade brasileira. A democracia só será uma realidade quando houver, de fato, igualdade racial no Brasil e o negro não sofrer nenhuma espécie de discriminação, de preconceito, de estigmatização e de segregação, seja em termos de classe, seja em termos de raça. Por isso, a luta de classes, para o negro, deve caminhar juntamente com a luta racial propriamente dita. O negro deve participar ativa e intensamente do movimento operário e sindical, dos partidos políticos operários, radicais e revolucionários, mas levando para eles as exigências específicas mais profundas da sua condição de oprimido maior. Ao mesmo tempo, o negro deve ter a consciência clara de que sua emancipação coletiva põe o problema da democracia e de uma República democrática sem subterfúgios: a revolução dentro da ordem é insuficiente para eliminar as iniquidades econômicas, educacionais, culturais, políticas etc., que afetam os estratos negros e mestiços da população. *Mesmo quando o negro não sabe o que é socialismo, a sua luta por liberdade e igualdade possui uma significação socialista.* Daí ser ele uma vanguarda natural entre os oprimidos, os humildes, os explorados, enfim, o elemento de ponta daqueles que lutam por "um Brasil melhor" ou por "uma sociedade justa". O PT precisa avançar muito para acompanhar o processo de luta que emerge por dentro e através desses estratos da população. Porque, nessa esfera, não basta apontar para o caráter emancipador do socialismo proletário. É preciso que o socialismo proletário venha embebido de um impulso radical profundo que ultrapasse a libertação coletiva da classe trabalhadora e destrua, até o fim e até o fundo, a opressão racial.

ALIENAÇÃO E
AUTOEMANCIPAÇÃO*

Fala-se em "consciência crítica" como um limite do comportamento coletivo, que se define em termos próprios. Porém, a "consciência crítica" pode rejeitar ou aceitar e, ao fazê-lo, também pode permanecer como um momento teórico, sem se engajar em uma prática que leve às últimas consequências um dever moral, intelectual ou político. Nesse sentido, é típico o que sucedeu com Adorno, Horkheimer, Habermas, que se abstiveram de assumir o que lhes ditava a "consciência crítica". Os estudantes exigiram congruência e se decepcionaram, demolindo seus mitos de forma impiedosa. De outro lado, Marcuse combinou as duas compulsões e tornou-se um "guerrilheiro intelectual". Da mesma maneira, Sartre ia às ruas vender um jornal de extrema esquerda, mesmo depois que se desligara da causa que ele difundia. São exemplos, tomados de fora, para ilustrar um drama que nós vivemos cotidia-

---
* *Raça & Classe*. Brasília, Ano 1, nº 3, 1987.

namente. O que deve fazer o intelectual negro? Possuir uma "consciência crítica" refinada e dolorosa e calar-se, para "não agravar os problemas"? Ou impor-se o dever de dar combate tenaz ao nosso modo de ser, ambíguo e covarde, de afirmar uma democracia racial que não existe, de tolerar o preconceito de não ter preconceito, de silenciar "para não piorar as coisas"? O intelectual "branco", por sua vez, deve ficar surdo e mudo, submetendo-se a um código racial hipócrita e dilacerante?

Vieira dizia que a omissão é o pior dos pecados. Todavia, possuir uma "consciência crítica" de uma dada realidade e ignorar que ela exige desdobramentos práticos para ser destruída é mais grave que omitir-se: pressupõe um compromisso tácito com os que querem que a realidade não se altere, que ela se reproduza indefinidamente. Por isso, impõe-se ao negro avançar por seus próprios meios, liberar-se de símbolos, comportamentos e datas que o prendem ao "mundo que o português criou". Na verdade, esse mundo não foi "criado" pelo português, porque não foi pura e simplesmente transplantado de Portugal para o Brasil. Ele foi forjado pela escravidão e se mantém na medida em que a escravidão continua a bitolar a cabeça do colonizado. Respeito e me emociono diante de uma senhora negra que diz à antiga patroa, na presença da filha, "deste estofo não sai uma senhora!?" Trata-se de uma sinceridade rústica, que nos põe da forma mais simplória diante das armadilhas do preconceito e da discriminação raciais. Chego a compreender e a aceitar o "negro trânsfuga", que nega aos irmãos de raça uma solidariedade que ele não aprendeu a captar e um orgulho racial que está longe de sua mente. No entanto, revolto-me diante do "novo negro", que "quer subir na vida" e isolar-se "daquela gentinha negra" e repudia os movimentos negros, "porque eles dão azar". Os três casos traduzem o ardil da democracia racial fictícia, cuja função é aprisionar o negro dentro de paradoxos que conduzem à negação de si próprio, constrangê-lo a ver-se como ele pensa que é visto pelos brancos. A pessoa interage com seu mundo e, para resguardar sua identidade, precisa começar por negá-lo e transformá-lo. O 20 de Novembro* contém esse significado. É uma data de comunhão viva e, ao mesmo tempo, de autoemancipação coletiva. Coube ao negro, por ser escravo e liberto, sofrer a colonização em sua modalidade mais daninha e arrasadora. No Brasil, infelizmente, a descolonização confundiu-se com os interesses do senhor e foi interrompida nos limites em que o estamento senhorial sentiu-se apto para proteger-se contra as consequências do pacto colonial e para dirigir as estruturas de poder, nascidas com a Independência. O escravo, o liberto, o homem pobre livre permaneceram encadeados à colonização, às suas necessidades imperiosas, que os despojavam de sua condição humana, e às suas consequências materiais e morais, que os privavam de ser gente. Teriam de lutar arduamente, depois da desagregação da ordem escravocrata e da implantação da República, para tornarem-se cidadãos, levando dentro de si, não obstante, essa carga explosiva de colonizados de terceira ou quarta categorias. Se o negro lutou contra isso, através de seus movimentos sociais, chegou a fazê-lo porque tal luta era uma premissa histórica da

---

* O 20 de Novembro, instituído em 7 de julho de 1978 em Salvador, pelo Movimento Negro Unificado, é o Dia Nacional da Consciência Negra, o Dia da Comunidade Afro-brasileira. Dedicado a Zumbi, o 20 de Novembro procura ser uma contraposição ao 13 de Maio, data oficial da Abolição.

conquista da condição humana de *ser gente*, de converter-se em cidadãos de fato e de direito.

As metas dessa luta de autoemancipação coletiva racial conservaram-se parcialmente nebulosas. Ninguém entendeu direito o que acontecia. O próprio negro se enxergava em uma sala de espelhos, refletindo-se em várias imagens, que provinham das ambivalências de atitudes provocadas pelo comportamento e pelas atitudes ambíguos do "branco". O temor de ir longe demais, em um caminho sem volta, e de enfrentar a responsabilidade de mexer no borralho, despertando o fogo oculto e abafado pelas cinzas. O controle autorreativo e defensivo do "branco", pronto a declarar-se isento do "vício" do preconceito e da discriminação, mas rápido em apontar que o negro, forçando a mão, corria o risco de criar, no Brasil, situações irreversíveis, parecidas com as dos Estados Unidos e da África do Sul!... Nessa encruzilhada, o 20 de Novembro representa o repúdio da capitulação passiva; a condenação do "branco indeciso", equivalente psicológico do "negro de alma branca"; a busca de caminhos que incluam a igualdade racial entre as reivindicações estruturais do movimento operário, da revolução nacional e da revolução democrática.

"A liberdade – como a igualdade – se conquista". Essa é a significação histórica do 20 de Novembro. Os anarquistas, os socialistas e os comunistas não podem compartilhar, apenas, de uma consciência crítica da situação do negro. Eles devem saber que o preconceito e a discriminação raciais estão presos a uma rede da exploração do homem pelo homem e que o bombardeio da identidade racial é o prelúdio ou o requisito da formação de uma população excedente destinada, em massa, ao trabalho sujo e mal pago, como sugerem várias investigações feitas nos Estados Unidos, na Inglaterra e na África do Sul. Nessa população recrutam-se os malditos da terra, os que são ultraespoliados e têm por função desvalorizar o trabalho assalariado, deprimir os preços no mercado de trabalho para elevar os lucros, quebrar a solidariedade operária e enfraquecer as rebeliões sociais. Por isso, o 20 de Novembro é uma data que transcende à comunidade negra. Ela atinge todos os oprimidos e em particular os trabalhadores que possuem empregos, participam do movimento sindical e lutam organicamente pelo advento do socialismo. Estes não podem aceitar o rolo compressor que passa por cima da população negra e a esmaga. Os ativistas negros não devem, portanto, esconder-se dentro de seus grupinhos. Eles precisam proclamar quais são os valores que contrapõem aos mitos raciais das classes dominantes e a qualidade igualitária imperativa desses valores para todos os que vendem a força de trabalho como mercadoria. E precisam, acima de tudo, despertar a consciência do caráter suprarracial da solidariedade proletária, porque, no fundo, a superexploração do negro é a condição tanto da desvalorização do trabalho operário em geral quanto do fortalecimento do despotismo das classes burguesas. Como o 1º de Maio, o 20 de novembro evoca os laços econômicos, morais e políticos que prendem os oprimidos entre si e subordinam todas as suas causas a uma mesma bandeira revolucionária. Oprimidos do Brasil: uni-vos. Uma nova sociedade os espera, se vocês souberem construí-la!

O 13 DE MAIO*

Uma data histórica não se define por si mesma e, tampouco, de uma vez para sempre. São os seres humanos que criam as datas históricas, as definem e as redefinem ao longo do tempo, e trazem o passado para dentro do presente e de combates que se renovam sem cessar. O 13 de Maio pode ser encarado como um evento. Mas ele foi, também, processo histórico, de superfície e na profundidade das correntes que transformavam a sociedade brasileira. Por isso, como evento, ele foi peculiar; porém, como processo histórico, ele lançava raízes no passado, refletia de cabeça para baixo conflitos de uma sociedade escravista, que chegara à extinção e colocava-se no ponto de partida de uma evolução na qual o trabalho livre surgia como o sucedâneo e o equivalente do trabalho escravo. Seria impraticável abordar, aqui, os vários aspectos do 13 de Maio tomado como totalidade histórica, em todas essas

---
* *Folha de S.Paulo.* 13 de maio de 1988.

ramificações, essenciais para explicar o caráter claudicante de nossa modernidade e para expor como os humildes, os ex-escravos, ex-libertos, os homens pobres livres, os imigrantes e os trabalhadores que já se haviam assalariado e proletarizado sob a escravidão construíram sua histórias e intervieram ativamente na formação de uma nova sociedade. Farei, portanto, uma descrição sumária de uma realidade perturbadora, que até hoje confunde os melhores cientistas sociais e converte a história oficial em uma manifestação opaca e hipócrita de uma retórica destituída de verdade e de poesia.

O evento tem importância no plano institucional e legal. Os de cima, especialmente aqueles que constituíam as elites políticas e dirigentes, entendiam que a princesa Isabel "concedia", finalmente, a liberdade aos cativos, pondo em risco o trono e livrando o país de uma nódoa em seu prestígio entre os países civilizados. De fato, o seu ato foi uma decisão de romantismo político. A nódoa não perturbava ninguém e os senhores de escravos, que pleiteavam a indenização, ficaram furiosos com a Coroa, porque se viram privados de um "direito sacrossanto". Em termos concretos, a escravidão se esgotara e o domínio imperial dos Braganças esboroava-se com ela, como descobriram com lucidez os republicanos, muito antes, preferindo omitir-se diante do abolicionismo e ganhar o apoio dos fazendeiros. Nesse contexto, o evento irradiava várias significações, todas ideológicas. Os estamentos senhoriais das áreas em desenvolvimento econômico acelerado representavam-no como uma precipitação e uma decisão prematura, pois a escravidão estava condenada ao desaparecimento: ao intervir nos interesses privados dos fazendeiros, o Estado obrigava-se a enfrentar o ônus de promover e financiar a intensificação da importação de mão de obra estrangeira. Os acólitos da Coroa e as elites no poder, contrariados com o papel que se viram compelidos a desempenhar, douravam a pílula, acentuando o caráter pacífico (safa!) de uma alteração legal que só fora conquistada pela violência e através da guerra civil nos Estados Unidos. Os estamentos dominantes de áreas econômicas em decadência, que já haviam vendido havia tempo seus escravos para os fazendeiros do Sul, mostravam com júbilo sua visão humanitária. Os negros das senzalas, das casas-grandes e dos sobrados celebravam festivamente a emancipação legal. Os negros contestatários podiam sair de seus refúgios e compartilhavam, sem ilusões, o clima geral da festa popular. Esta transcorreu principalmente no meio dos moradores pobres, dos trabalhadores e da pequena burguesia das cidades e de uma imensa massa de brancos que fora, de um modo ou de outro, afastada do sistema de trabalho e do crescimento econômico por causa dos efeitos diretos ou indiretos da escravidão. Era a nossa Bastilha que ruía e o Povo celebrava o que aparentava ser a derrocada do "antigo regime".

Com referência aos processos histórico-sociais, de superfície ou em profundidade e de conjuntura ou de longa duração, só posso ressaltar alguns dinamismos centrais. O 13 de Maio delimita historicamente a eclosão da única revolução social que se realizou no Brasil. O enlace da desagregação final do sistema de trabalho escravo com a generalização do sistema de trabalho livre configurava-se como uma revolução no modo de produção, na ordenação da sociedade civil e na consciência social burguesa. A ela se seguiu uma revolução política, com a implantação da República. As elites no poder da raça dominante exprimiram metaforicamente essa revolução sob a bandeira: "homem livre na Pátria livre", que deveria unir o fazendeiro, o burguês e o assalariado, especialmente o de origem estrangeira, na conformação da "Pátria livre". No entanto, só os de cima faziam parte dessa "Pátria" oligárquica emergente; os de baixo foram automaticamente excluídos da sociedade civil que se constituía. Os negros não foram somente espectadores passivos dessa revolução social espontânea. Mas dela foram banidos, de imediato e ao longo de mais de três décadas, postos à margem da condição de agentes do processo de redefinição do trabalho livre como categoria histórica.

Quanto aos processos histórico-sociais de longa duração, coube ao negro protagonizar o primeiro movimento social contestador que põe em questão os fundamentos democráticos da ordem existente e a propalada ausência do preconceito e da discriminação nas relações raciais. Esse movimento atinge seu clímax nas décadas de 1930 e 1940 e adquire tal vitalidade, que forja uma contraideologia racial e vincula a supressão do "emparedamento do negro" à conquista de uma "segunda Abolição". As debilidades do meio negro, a opressão racial e a intervenção repressiva do Estado Novo dissolvem o movimento social, em suas diversas correntes, e compelem o negro à competição individualista por emprego, êxito e reconhecimento de valor social. Uma segunda vaga de ebulições conduz o negro ao protesto coletivo, em certos momentos da década de 1960 e a partir do fim da década de 1970. Então, o negro ativista chega à consciência de um racismo institucional e, aproveitando estratégias vinculadas à luta de classes, combate as mistificações da "democracia racial", as versões da "história oficial" sobre a fraternidade das raças ou da democracia racial, correntes entre os brancos e mesmo entre grupos negros. Apresenta-se, assim, como o pólo radical do que deve ser a democracia e uma sociedade civil aberta no Brasil. Ambas têm de ir além da pobreza, na negação e superação das iniquidades e das desigualdades raciais.

Essas considerações sugerem que é do elemento negro que provêm os significados novos, adquiridos pelo 13 de Maio. Primeiro, o episódio se desnuda, nas décadas de 1930 e 1940, como uma falácia social. A Abolição não passara de uma artimanha, pela qual os escravos sofreram a última espoliação. Do próprio negro dependia uma "Segunda Abolição", que o convertesse em um cidadão investido dos requisitos econômicos, sociais, culturais e morais para assumir os papéis históricos que ainda se reduziam a uma ficção legal. Mais tarde, em anos recentes, o episódio se mostra como uma efeméride das classes privilegiadas da raça dominante. É uma data histórica dos senhores, dos mandachuvas brancos, de interesse indireto para o negro. Como tal, não deve ser ignorada. O 13 de Maio possuía uma equação negra: sem a aceleração da acumulação originária de capital, lastreada no trabalho escravo, não haveria a dissolução do modo de produção escravista. Além disso, sem a participação direta dos escravos e de negros livres ou libertos rebeldes, as agitações não fluiriam com o mesmo vigor nas senzalas. Os ritmos históricos seriam ainda mais lentos e, provavelmente, a "história oficial" ainda mais capciosa. Contudo, o significado da data, que brota da consciência negra e da compulsão libertária coletiva dos negros mais firmes e decididos nas pugnas raciais igualitárias, atravessa e afirma Palmares e Zumbi. O 13 de Maio se contrapõe ao 20 de Novembro. A escravidão não impediu que o seu agente de trabalho e a sua vítima construísse sua própria história, independentemente dos mitos consagrados pela "história oficial". A liberdade não é uma dádiva, mas uma conquista. Essa conquista pressupõe que os negros redefinam a história, para situá-la em seus marcos concretos e entrosá-la com seus anseios mais profundos de autoemancipação coletiva e de igualdade racial.

O PROTESTO NEGRO[*]

Os extremos marcam as relações do negro com a ordem racial existente. Essa ordem se alterou ao longo do tempo. Não é a mesma coisa rebelar-se contra a ordem racial sob o modo de produção escravista, e em seguida, quando se implanta o trabalho livre e este dilacera muitos dos padrões assimétricos de relações humanas (inclusive os raciais), ou mais tarde, no período 1920-1949, ou, então, na atualidade. O negro não pode ser excluído de tais transformações dos padrões de relações raciais, com os quais uma parte da população negra sempre esteve em tensão consciente, embora não tenha conseguido derrotar a assimetria nas relações raciais, as iniquidades raciais e as desigualdades raciais que tentou destruir. No entanto, sempre houve uma constante: em um extremo, o ativismo dos que contestavam abertamente; de outro, o ressentimento engolido com ódio ou com humildade, mas que se traduzia

---

[*] *São Paulo em Perspectiva*. Vol. 2, nº 2, abril/junho 1988, p. 15-17.

sob a forma da acomodação – que eu cheguei a designar como capitulação racial passiva.

As duas expressões históricas mais significativas desse ativismo aparecem vinculadas com os movimentos sociais espontâneos, que eclodiram, por exemplo, em São Paulo na década de 1920 até meados de 1940, e o que surge em conexão com a consciência social de um racismo que, sem ser institucional (como nos Estados Unidos ou na África do Sul), provocava consequências igualmente devastadoras. A questão de ser o racismo institucional ou camuflado possui menor importância do que ele representa na reprodução da desigualdade racial, da concentração racial da riqueza, da cultura e do poder, da submissão do negro, como "raça", à exploração econômica, à exclusão dos melhores empregos e dos melhores salários, das escolas, da competição social com os brancos da mesma classe social etc., e à redução da maioria da massa negra ao "trabalho sujo" e a condições de vida que confirmam o estereótipo de que "o negro não serve mesmo para outra coisa".

Essa compreensão sociológica do assunto revela que classe e raça nunca se combinaram da mesma maneira, depois da desagregação da ordem social escravocrata e do modo de produção escravista. Sob o capitalismo competitivo, o negro emergia dos porões da sociedade e, para muitos, parecia que ele se igualaria ao branco rapidamente, apesar do "preconceito de cor" e da discriminação racial. A raça não era tomada como uma entidade social consistente e duradoura, como se a escravidão se tivesse sustentado no ar. Mesmo autores como Caio Prado Júnior, de uma perspectiva histórica, e Emílio Willems, de uma perspectiva sociológica, entendiam que o capital ia em busca do trabalho e a passagem de escravo e liberto a assalariado seria automática. Ela não foi e, graças a isso, a rebelião latente das décadas de 1910 e 1920 gerou tentativas de organizar o protesto, lutar pela incorporação à sociedade de classes em formação e expansão e contrapor à ideologia racial dos brancos das classes dominantes uma ideologia peculiar dos negros e mulatos (ou, mais corretamente, uma contraideologia racial, que eu descrevo no quarto capítulo de *A integração do negro na sociedade de classes*). Forjar uma contraideologia constituía uma façanha, nas condições sociais em que viviam negros e mulatos em São Paulo. Sob o capitalismo monopolista as empresas sofreram alterações profundas em suas dimensões, organização e funcionamento. Um vasto excedente populacional era atraído pelo modo de produção capitalista monopolista de todas as regiões do Brasil. No seio das massas migrantes, aumentavam os contingentes negros e mestiços. O capitalismo monopolista vai ocupar um exército de trabalhadores ativos muito vasto. Os contrastes entre classes e raça tornam-se nítidos. E as várias saídas (ou falta de saídas), muito visíveis. O sistema ocupacional abre-se em duas pontas para os negros. Em massa, nos trabalhos braçais, como os dos "peões" e da construção civil. Seletivamente, em posições intermediárias, que exigiam algum preparo cultural e competição inter-racial, e no ápice das ocupações melhores, como uma exceção, que iria perder tal caráter com muita lentidão, mas com certa constância.

O protesto negro das décadas de 1920, 1930 e 1940 lançou suas raízes no após Primeira Guerra Mundial. Os "ismos" medravam em cidades como São Paulo. O negro entrou na corrente histórica e interrogava-se por que o imigrante tivera êxito e a massa negra continuava relegada a uma condição inferior e iníqua. Surgem, assim, as primeiras sondagens espontâneas do "meio negro", feitas por intelectuais negros, e os primeiros desmascaramentos contundentes. O "preconceito de cor" entra em cena, na consciência social negra, como uma formação histórica. Nem as sondagens eram superficiais nem as respostas contingentes. O negro elabora uma radiografia racial da sociedade brasileira e é com base nos resultados dessa radiografia que ele se insurge contra o paternalismo, o clientelismo e a expectativa de conformismo dos brancos das classes dominantes. As sondagens são duras, porque põem o próprio negro em questão. O negro colabora, de modo inconsciente, com o branco para manter e reproduzir a ordem racial que fora absorvida pelo regime de classes (o parasitismo sobre a mulher negra, o abandono da mulher e dos filhos, o desinteresse por absorver instituições que serviam de apoio econômico e social para o êxito dos imigrantes – como a família –, o medo de enfrentar o preconceito de cor dissimulado, a aceitação de ser posto à margem da sociedade civil e iludido etc.). No fundo, surgem duas repulsas elementares: a de conformar-se com as condições de vida imperantes e a de conformar-se com as ideias simplistas de que o negro tinha aberta diante de si a estrada que lhe concederia a cidadania e tudo o que pudesse conquistar através dela. Os dois inconformismos pressupunham a crítica do preconceito e a condenação de discriminações, que o preconceito parecia justificar mas que não eram seu produto. O preconceito e a discriminação possuíam a mesma origem histórica e desempenhavam funções complementares, que reforçavam a dominação racial dos brancos e a compulsão social de *manter o negro em seu lugar*, isto é, de conjurar qualquer possibilidade de rebelião racial. É verdade que o intelectual ativista negro acabou assumindo a posição de paladino da ordem: ele encarnava a consciência dos valores (ou dos *mores*) que sustentavam a ordem social, sem as inconsistências dos brancos.

Não obstante, por aqui surgiram várias associações e entidades negras e o movimento social que desembocava na crítica da ordem legal vigente e de sua inocuidade (e falsidade) para o negro. Elabora-se dessa maneira uma ideologia racial própria, que não chegou a difundir-se além das minorias inconformistas ativas (que organizavam e operavam os movimentos sociais espontâneos de uma reforma racial dentro da ordem), e certas disposições de enfrentar as manifestações de preconceitos e discriminação em situações concretas. Trata-se de algo mais amplo e profundo que um fermento social. Era uma incipiente ruptura racial. Porém, o Estado Novo pôs fim a tais modalidades de insatisfação e de inquietações raciais, que incomodaram os brancos das classes dominantes (que enxergavam nos acontecimentos o despertar de um "racismo negro"!) e não chegaram a contar com a simpatia dos outros estratos da população branca (inclusive os partidos de esquerda, que viam o "problema negro" como uma questão exclusivamente de classe e, portanto, como um "problema social"). O movimento não morre. Ele hiberna, sob a pressão externa da ditadura, que de fato recompôs a capacidade de dominação oligárquica das classes sociais dominantes e da raça branca.

O término da Segunda Guerra disseminara novas impulsões de radicalização. Os de baixo se apegam ao sonho da democratização da sociedade civil e do Estado e avançam diretamente no sentido de protagonizar o aparecimento de uma democracia de participação ampliada. O populismo dá alento a essas aspirações e as reforça. Contudo, o movimento anterior não sai da hibernação. As novas oportunidades de trabalho e de ascensão social desdobravam para os setores que poderiam retomar a inquietação racial múltiplas vias de classificação no sistema ocupacional. A "classe média de cor", que era uma ficção social, torna-se acessível e lentamente se amplia. Alguns negros tiveram êxito suficiente para alcançar posições empresariais e são o ponto de partida da constituição de uma burguesia negra, muito rala, mas capaz de escapar da conjunção mais desfavorável na relação entre raça e classe. Essas são as raízes históricas do "novo negro", que iria repelir o protesto racial e defender a ideia de que "os movimentos negros dão azar". A massa negra trabalhadora submerge na luta de classes, que atingia densidade na década de 1950 e no início da de 1960. Nos dois pólos aparecem modalidades de autoafirmação que sepultam a tradição da capitulação passiva (que seria repudiada com intransigência crescente, inclusive envolvendo a identificação do "negro trânsfuga" como uma personalidade nociva, uma prática que provinha dos movimentos anteriores, mas não se generalizara). O "novo negro" pretendia a igualdade social conquistada como um processo natural. Voltava-se para o seu próprio refinamento, para a consolidação da família, a educação dos filhos, o ideal de comprar uma casa própria, a disposição de excluir de suas relações "negros inferiores", de visibilidade social negativa, e afastava-se dos brancos como símbolo de aquisição de *status* social e de prestígio: dedicava-se com empenho em resguardar os níveis de renda e de vida alcançados e de protegê-los através da formação de associações próprias etc. Portanto, a moralidade burguesa transpõe as fronteiras que divorciavam o "mundo negro" do "mundo dos brancos", mas sob custos psicológicos e raciais muito altos. Aparece desse modo um isolamento racial penoso, porque o "problema" não era só de raça. Isso não abalava o "novo negro" e sua decisão heroica de repetir a história dos imigrantes europeus "bem-sucedidos". Os filhos dessas famílias chegavam às escolas, que antes seriam uma miragem. Vão sofrer choques e decepções e participar de conflitos humanos dramáticos. Dissociados da tradição dos movimentos anteriores, não se colocavam na condição de paladinos da ordem – e nem isso seria possível, sob as realidades do capitalismo monopolista. Engolfados no convívio intenso com brancos jovens, desfrutavam de maior aceitação que os seus pais (a aceitação diferencial varia com a categoria social, com a classe, com a fraternidade política, com a idade etc.). Ficavam mais ou menos desorientados e mostravam sua desorientação nos jornais da universidade (como no *Porandubas* da PUC-SP). Sua experiência da vida concreta não se compara à dos antigos militantes. Porém, suas disposições psicossociais são mais complexas. Eles não se satisfariam com as descobertas e as explicações iniciais, que circundavam a primeira revolta da consciência negra. Por sua vez, o negro operário enfronhava-se em um dia a dia no qual a realidade da classe salientava as percepções negativas da raça. Eles pressentiam e por vezes logravam explicar concretamente os artifícios que tornavam os negros um manancial do exército de reserva e da superexploração econômica, ao mesmo tempo que, através do sindicato e do partido, chegavam ao fundo da questão. A reforma social articula-se à revolução democrática, aos movimentos voltados ao combate da repressão coletiva dos de baixo. Sem os meios culturais para ver as coisas mais claramente que os filhos-famílias do "novo negro", contavam com a experiência coletiva do enfrentamento social cotidiano contra a ordem.

O intelectual negro ficava entre as duas polarizações. Tendo uma ou outra origem de classe, ele recebia o impacto das ebulições que vinham de fora, dos "ismos" da década de 1960 na Europa ou nos Estados Unidos e se tornava propenso a ver a raça como o eixo da existência de um racismo institucional de variedade brasileira. Poetas, principalmente, na maioria libertários ou socialistas, iam à radicalização extrema. Uns, utopicamente, fantasiavam a realidade, e o sonho da insurgência negra independente aparecia como uma vaga possibilidade. Outros, mais enfronhados na prática e teoria revolucionárias, associavam classe e raça e apontavam a saída não na reforma social, mas na revolução contra a ordem, na qual o elemento raça acha o seu lugar próprio, de acelerador e aprofundador da transformação da sociedade. Alguns, por fim, sublimavam as frustrações e as projetavam no plano puramente estético e abstrato, realizando-se como agentes criadores negros, mas arrancando o processo inventivo dos tormentos do dia a dia.

É claro que uma sociedade na qual o capitalismo monopolista absorve maiores parcelas da mão de obra e descerra vários canais de ascensão social para o negro desdobra alternativas de acomodação racial que não existiam no passado recente. De outro lado, os germes de uma burguesia negra floresceram, mais no plano da classe média. Mas existiam alguns milionários negros. Como nos Estados Unidos, mas na forma histórica diversa, há no tope paralelismo em desnível entre raça e classe, que faz com que o negro surja entre os de cima em nichos próprios e mais ou menos fechados, na rabeira dos "brancos ricos". Ocorre que o capitalismo monopolista da periferia não contém dinamismos para fundir raça e classe. Um movimento nessa direção fica dependendo de alterações ou revoluções proletárias e socialistas. O fato nu e cru é a existência de uma imensa massa de trabalhadores livres e semilivres, na cidade e no campo. É, portanto, entre os de baixo, onde a luta de classes crepita com oscilações, mas com vigor crescente, que a raça se converte em forte fator de atrito social. Há problemas que poderiam ser resolvidos "dentro da ordem", que alcançam a classe mas estão fora do âmbito da raça. A raça se configura como pólvora do paiol, o fator que em um contexto de confrontação poderá levar muito mais longe o radicalismo inerente à classe. Como escrevi no prefácio do livro citado, é a raça que definirá o padrão de democracia, em extensão e profundidade, que corresponderá às exigências da situação brasileira. Hoje, aliás, é patente que a reflexão vale tanto para uma democracia burguesa, quanto para uma democracia popular e proletária – ou seja, do capitalismo ao socialismo. O PT e todos os partidos de esquerda proletários aprenderam parte dessa verdade e logo irão aprender toda a verdade. Os de baixo devem ser vistos como uma totalidade, e seus dinamismos políticos revolucionários, se ou ao se desencadearem, se imporão naturalmente aos partidos que queiram "transformar o mundo" e "criar uma sociedade nova".

Os intelectuais e os militantes negros mais radicais já possuem a intuição desse fato provável. Por isso, não retomaram os objetivos e os valores dos antigos movimentos negros. Respeitam-nos e os cultivam como parte da memória negra, porém interrogam o presente e o futuro próximo para definir suas posições. A mesma razão apresenta-se numa alteração do modo de relacionar-se com o "radicalismo afro--americano" da década de 1960 e com os países africanos, que permitem descobrir suas identidades raciais e culturais, e com os equacionamentos teóricos que distanciam o alcance revolucionário da classe do ímpeto revolucionário da raça (o que induz os que são marxistas a enriquecerem a teoria, tornando-a mais abrangente e adequada a condições históricas concretas da periferia). Em suma, o desafio não consiste em opor um racismo institucional branco a um racismo libertário negro. Ele se apresenta na necessidade de forjar uma sociedade igualitária inclusiva, na qual nenhum racismo ou forma de opressão possa substituir e florescer. Ainda aí, objetiva-se um modo de ser socialista libertário que transcende o eurocentrismo e impulsiona a autoemancipação coletiva dos negros a conferir o mesmo peso à igualdade, à liberdade e à fraternidade, no interior de uma sociedade multirracial. Não se trata de repetir a história de outra maneira, cobrando dos brancos da mesma classe ou de outras classes o preço dos ultrajes nascidos da "hegemonia da raça branca". Trata-se de criar uma *história nova*, cujos germes aparecem nas comunidades operárias e nas nações em transição para o socialismo.

AS TAREFAS POLÍTICAS DO PROTESTO NEGRO*

A realização da Primeira Semana do Negro, sob os auspícios do Centro de Cultura Negra do Maranhão, constitui um acontecimento de profundo significado político e cultural. Na verdade, o chamado *problema do negro* vem a ser o problema da viabilidade do Brasil como Nação. Não haverá Nação enquanto as sequelas do escravismo, que afetaram os antigos agentes do trabalho escravo e seus descendentes ou os ditos "brancos pobres livres", não forem definitivamente superadas e absorvidas. Esse é o patamar brasileiro do que deve ser uma democracia social e racial e, por isso, somente o negro compreende a natureza do problema e tem condições psicológicas para enfrentá-lo sem mistificações e de lutar por sua solução integral.

Espero que essa Primeira Semana do Negro, como já sucedeu em outras reuniões anteriores, traga uma contribuição positiva para o esclarecimento desse tema e a renovação da

---
* Inédito.

luta em que o negro sempre se empenhou pela construção de uma democracia social e racial verdadeira. Essa esperança tem funda razão de ser. Ao sair do marasmo a que foi atirado o elemento negro no período pós-abolicionista, os movimentos de inconformismo e de protesto negro se voltaram para o reequacionamento do que deveria ser a ordem social competitiva em uma sociedade que se dizia "igualitária", "competitiva" e "democrática" no plano racial. Por isso, foi o negro – e não o branco – que se tornou o paladino de uma autêntica concepção de radicalismo liberal na década de 1930. E, de outro lado, foi o negro que desmascarou primeiro a Abolição e levou para o terreno da ação e da exigência libertária a questão política e humana da *Segunda Abolição*. Cinquenta anos depois, tendo o país vivido uma curta experiência democrática, embora muito superficial e frustrante, e tendo passado por uma terrível revitalização das estruturas arcaicas do mandonismo graças à contrarrevolução de 1964, cabe-nos suscitar uma reavaliação global. O que resta ao negro? Deve continuar colaborando passivamente na velha mistificação de que somos uma "democracia racial"? Deve atrelar-se ao papel contestatário da "exceção que confirma a regra", *mais realista que o rei*: se o branco não se identifica com as normas e os valores ideais da democracia liberal vamos provar que os negros são capazes de erguer as bandeiras do radicalismo liberal? Ou estamos em outra época histórica, que impõe ao negro a continuidade da luta, mas formula outras exigências específicas?

Penso que, no momento, o que se configura como tarefa política central do movimento negro diz respeito ao combate à ditadura e, por consequência, ao caminho que esta escolheu para perpetuar-se indefinidamente, a "abertura" que se autoproclama democrática mas fecha todos os espaços para as igualdades elementares e para os direitos fundamentais dos cidadãos. A ditadura que atormenta o Brasil não tolhe o elemento negro de maneira tangencial e secundária. Ela revitaliza estruturas arcaicas, e, ao fazê-lo, revitaliza práticas que, tanto no plano das relações de classes quanto no das relações de raças, precisam ser eliminadas até o fundo e para sempre! Trata-se de uma realidade histórica à qual será impossível fugir. Goste ou não, queira ou não, o negro constitui uma das forças vitais da revolução democrática e da revolução nacional. Ele está envolvido no processo universal de combate a essa ditadura, à contrarrevolução que a levou ao poder e a mantém nele; e é preciso que se veja de modo claro no centro mesmo da vanguarda que deve transformar o Brasil numa sociedade democrática.

Se se avança até essa posição (e não se pode discutir a "questão do negro" em 1980 fora dessa posição!), a nova temática do protesto negro se delineia com firmeza. O seu núcleo continua a ser o que provinha da palavra de ordem Segunda Abolição (levantada na década de 1930), naturalmente reposta em um contexto histórico e político muito mais complexo, duro e decisivo. O que quer dizer que, por aí, várias tarefas políticas fundamentais convergem para a capacidade de autoafirmação coletiva do negro e do mulato. Se esta capacidade não se converte em dinamismo real, a sociedade brasileira se manterá bloqueada às transformações mais profundas, construtivas e promissoras! Em seus flancos aparecem outras duas questões candentes, que dizem respeito à herança cultural e ao uso flexível da imaginação criadora. O negro foi estilhaçado pela escravidão tanto quanto pela pseudoliberdade e igualdade que conquistou posteriormente. Uma destruiu de forma peremptória os liames com as culturas africanas originárias e o uso normal do talento negro em benefício do próprio negro. A falsa liberdade e a falsa igualdade, por sua vez, fizeram com que aquilo que se poderia descrever como "escravidão por outros meios" agisse de maneira ultradestrutiva, impedindo que o negro e o mulato forjassem ativamente o seu próprio nicho psicocultural e histórico-social. Em termos culturais, o negro e o mulato se viram condenados a serem o OUTRO, ou seja, uma réplica sem grandeza dos "brancos de segunda ordem".

Pode-se objetar que a Segunda Abolição apanhava bem o drama humano do negro e do mulato condenados à vida social vegetativa a que tinham acesso no limiar da crise da República velha. Quase um século depois da Abolição, seria incoerente e vazio retomar uma linha de protesto e de autoafirmação coletiva que se esboroou sem deixar marcas na transformação da sociedade. Formalmente o raciocínio é correto. Da perspectiva concreta do conflito econômico, sociocultural e político, não. O negro continua nos "porões da sociedade" e "emparedado". Um século depois de sua "emancipação", ele continua coletivamente sem a liberdade de ser, preso aos grilhões invisíveis da tutela do branco e às cadeias visíveis da miséria, da exclusão dissimulada e da desigualdade racial. O avanço que o momento exige nada tem que ver com uma pretensa superação daquela bandeira. Ele evidencia dramaticamente, ao contrário, a exorbitância da *persistência do passado*: por que esse passado não desaparece de uma vez, por que o negro e o mulato não encontram uma verdadeira oportunidade histórica? Esse é o dilema que os historiadores não enfrentam quando assinalam que a crise da República velha foi definitiva. A República velha esta aí, presente em carne e osso. Ela não só reapareceu sob o Estado Novo; ela refloriu sob a República institucional vigente. A Segunda Abolição não constitui, portanto, uma falsa bandeira ou uma falsa palavra de ordem. Ela indica o que cumpre ser feito para que a escravidão deixe de "continuar por *outros meios*" – e preserva toda a sua força como condenação dramática de uma sociedade que se omitiu, primeiro, diante do destino do ex-escravo e, mais tarde, diante do destino de seus descendentes, em gerações sucessivas.

O que deve mudar é a compreensão do papel intrínseco do negro e do mulato no processo e a representação do seu objeto. O negro se viu, na década de 1930, em função do que *deveria ser* o "branco de elite", em suma, o branco esclarecido que tinha o poder e que mandava. E pretendia saturar o seu papel histórico, como se ele realizasse sozinho todo o processo de negação da negação. O que aquele branco deixava de fazer, ele tomava em suas mãos. Tornava-se, assim, o paladino do radicalismo liberal e da integridade da ordem social competitiva. A democracia, negada nos atos (não na CONSCIÊNCIA LEGAL do branco culto, rico e poderoso), encontrava o seu campeão. Ora, ao escolher esse caminho, o protesto negro enveredou pela utopia burguesa e, pior, por uma utopia burguesa sem lastro real na vontade política de uma burguesia vacilante e frágil. A função crítica foi saturada de modo exemplar e digno, mas pela vertente dos agentes da omissão, pelos que ganharam (e tudo tinham a ganhar) em *não ser liberais e democráticos*, embora fingindo que o eram e queriam ser... O caminho correto, evidentemente, era o oposto, o que passava pelos "ismos", que o protesto negro pretendia evitar, talvez para não ser acoimado de dissolvente e desagregador (uma acusação terrível, que levantaria contra ele uma perseguição direta sem quartel, em nome da defesa da integridade nacional contra os fomentadores de discórdias "racistas"). Este caminho conduziria, certamente, ao polo submetido: o negro e o mulato enquadrados em sua situação material, como parte do mundo dos deserdados da terra, dos candidatos ao trabalho assalariado e à proletarização. Aqui, equaciona-se o modo de entender o objeto da Segunda Abolição. Em um momento em que se via vitimado pelo mais completo e desorientador isolamento social e cultural, o negro não descobriu que o seu drama era vivido por outros: havia uma comunidade na *"escravidão por outros meios"* e cabia ao negro estender as mãos às outras vítimas.

Algo pungente precisa ser dito, já que, no fundo de sua degradação, de sua dor e de sua miséria, o negro afirmou o seu protesto em termos de uma de suas condições, ignorando a outra. No passado, a casta só produzia a sua função completando-se pela raça; no presente, a classe não saturava a sua função se fosse neutralizada pela raça. Uma realidade de difícil percepção intelectual e muito complexa para ser equacionada na linguagem política da luta espontânea pela igualdade, pela liberdade ou pela justiça social. Todavia, hoje o negro e o mulato completaram todo o ciclo do conhecimento dessa complexa realidade e nada poderá justificar a velha omissão. O escravo não foi a única vítima da escravidão. O homem pobre livre também era uma vítima, e uma vítima sem remissão. As cadeias que destruíam o negro imobilizavam aquele tipo de branco. Posteriormente, é claro, a Segunda Abolição também não seria necessária somente para o negro. É fato que, além *da miséria e da pobreza*, o diferencial da cor e do preconceito de raça reduz a potencialidade do ser humano negro dentro da sociedade. Porém, o que define a *vítima* não é a intensidade do sofrimento, da humilhação ou da anulação – é a própria condição social e histórica de exclusão. O sofrimento vivido pelo negro é bastante profundo para que ele tenha uma verdadeira consciência revolucionária e libertária dessa situação. Sua humilhação não deve permitir que ele ignore os *irmãos na desgraça* e, mais do que isso, a intensidade dessa humilhação lhe confere o poder de ir tão longe na condenação de uma realidade odiosa. Além e acima disso, *mudar o que e para quê?* A sociedade que precisa ser transformada é uma sociedade de classes, que absorveu funções racistas e discriminatórias que já poderiam ter sido eliminadas historicamente. O negro precisa organizar o seu protesto nessa escala, para combinar todo o potencial racial do protesto negro ao conteúdo de classe que ele precisa adquirir para que se torne revolucionário numa amplitude universal, irmanando e unindo todos os que são vitimados pela hegemonia de privilégios arcaicos ou modernos, de origem colonial ou recente. A Segunda Abolição, ao contrário do que imaginavam os líderes dos movimentos negros do passado, é exigida por uma enorme massa de pessoas, que foram excluídas da condição humana e mantidas fora dela, acima dos ditames da consciência responsável e da razão. Uma imensa parte da "população negra" também está imersa nos números que abrangem a pobreza absoluta no país. Todavia, essa é uma variável concomitante e o negro deve estar preparado para a tarefa política de catalisar a revolução democrática acima de todas as contingências, não só para que a democracia racial se converta em realidade, mas, ainda, para que a democracia seja a expressão da força revolucionária de *todos* os deserdados da terra.

Ainda assim, o negro deve ser forte para não ceder o que lhe é particularmente essencial. Não pode aceitar que o esmagamento cultural, produzido pela escravidão, se mantenha ou que o seu talento só possa vicejar de acordo com os padrões construídos e impostos pelo "mundo dos brancos". Uma sociedade multirracial democrática exige que todos os estoques raciais contribuam para os dinamismos histórico-culturais comuns. Para caminhar nessa direção, da qual estamos tão longe que sequer podemos afirmar que *já* iniciamos tal processo, é indispensável reformular atitudes e valores com referência ao que o negro logrou manter das culturas ancestrais, ao que pode ser recuperado através das relações com países africanos e, principalmente, ao negro como agente de criação cultural (em sentido amplo e também especificamente no plano intelectual). Pode parecer exorbitante localizar assuntos dessa natureza entre tarefas políticas cruciais do movimento negro. No entanto, é isso que precisa ser feito. Como um contingente humano da sociedade brasileira, o próprio negro tem de tomar sobre si e para si a tarefa de pensar qual é a sua relação com o mundo cultural em que vivemos em *todos os sentidos* e em *todas as direções*, se se pretende que a revolução democrática atinja o cerne mesmo da formação e transformação do padrão de civilização vigente. O "político" não se concretiza apenas no plano das formas do poder e do uso do poder. O próprio poder é parte da civilização e não e deve ignorar que a atividade criadora do homem se configura primariamente nesse nível, no qual se decide se o homem está condenado a ser instrumento e vítima de outros homens ou tem a possibilidade de liberar-se de toda a sujeição.

Os dois temas são muito amplos para serem ventilados neste depoimento. Quanto à herança cultural, Roger Bastide já demonstrou o quanto, por trás da religião ou do folclore, existe de rico e de essencial naquilo que a escravidão não logrou destruir. O intercruzamento de civilizações se deu de maneira muito negativa (e naturalmente muito destrutiva) para que o peneiramento favorecesse o patrimônio cultural que herdamos do passado remoto e recente. Ficou, de fato, um sinal: as culturas africanas não só não desapareceram por completo; elas estão presentes no *caráter nacional* (se este pode ser traçado psicológica e historicamente) e nos dinamismos transculturais da civilização compósita que se está elaborando no Brasil de nossos dias. Desse ângulo, a "contribuição africana" não pode ser vista como um ramo extinto. É tão essencial para o Brasil a relação com o "Ocidente" europeu ou norte-americano, quanto a relação com as Áfricas Negras. O importante é que o protesto negro saia do isolamento estrangulador, que se impôs nas décadas de 1930 e 1940, para que ele se irradie nos múltiplos sentidos e direções envolvidos nessa recuperação estrutural e dinâmica. Em particular, convém que se evite a repetição dos erros dos brancos das elites intelectuais. Para estes, uma grande parte dos desdobramentos pressupostos nas relações com o "Ocidente" caiu na esfera da pura imitação ou fluiu como se os produtos da cultura fossem apenas mercadorias, matéria de prestígio e fonte de poder. Ao sair do seu isolamento, ensimesmamento e exclusão, o negro precisa quebrar todas as barreiras, a começar pelos obstáculos que limitam e inibem os dinamismos da civilização básica comum. Isso é essencial, pois o risco de uma perversão sempre existe e o exemplo norte-americano de uma africanização postiça e alienadora estabelece vivamente o que se deve repelir, quando a recuperação não seja tão somente um circuito de compensação psicológica tardia.

As principais consequências desta reflexão têm tudo a ver com o uso construtivo da imaginação criadora pelos intelectuais negros. Se estes se inserirem no protesto negro como um momento de liberação nacional e de construção da democracia para *todos*, eles romperão com o monopólio de sua inteligência pelo mundo aparentemente "superior", "consagrador" e de sublimação racial dos BRANCOS. Desaparecerão, de um lado, os Machado de Assis e os Cruz e Souza que testemunham a dialética do estupro cultural, que define a apropriação do talento negro pelo "mundo dos brancos"; e, de outro lado, a lógica ambivalente do antagonismo enviesado, que aparece no pensamento dos que *não traíram*, nos limites da flexibilidade desse mesmo "mundo dos brancos", como se poderia atestar com um Lima Barreto ou, de forma marcante e incisiva, com um Solano Trindade. Para irradiar-se e converter o dinamismo cultural do processo civilizatório em algo novo, nesse plano o protesto negro precisa medir-se com todos os temores e com todas as ousadias. A descolonização não chegou ainda tão longe e tão fundo no Brasil para permitir e fomentar essa modalidade vigorosa e revolucionária de superação, que impõe uma descolonização mental completa e global do intelectual negro. Ela exige um exercício da inteligência fácil de identificar. O intelectual negro precisaria fazer com os sentimentos, com as ideias e com os ideais uma coisa parecida ao que faz Pelé com a bola e o futebol. Nada limita a explosão de sua criatividade. Uma reprodução dessa realização na esfera da arte, da ciência ou da filosofia é mais difícil. Para superar-se, o intelectual negro precisa superar, ao mesmo tempo, a sua falsa identidade: ele precisa deixar de ser "negro" e de ser "brasileiro" no sentido convencional das elites intelectuais, que fixam todos os padrões (de gosto, de consumo, de produção e avaliação etc.). Ele precisa descobrir por uma impulsão interior que só quando renega o estilhaçamento mental e a acomodação intelectual é que poderá ser negro, brasileiro e fecundo. Ora, isso requer que seja capaz de vencer, antes de tudo, as limitações intelectuais do "mundo dos brancos", que prendeu a imaginação e o talento negro em uma armadilha sem saídas para os que não ousem negar e transcender os padrões intelectuais vigentes. Se a medida de "todas as coisas" sair de dentro do protesto negro e do calibre criador do intelectual negro estará ocorrendo, automaticamente, um desmoronamento do mundo dos brancos, que será sintomático de um novo começo e de uma nova época cultural na história do homem e das civilizações no Brasil.

Todas essas reflexões exigiam um tratamento mais elegante e mais profundo. Infelizmente, tive de redigir estas páginas praticamente deixando a máquina correr, moldar as ideias expostas. Poderá parecer que estou exagerando. Que estou transferindo para esta Primeira Semana do Negro um fardo com o qual ela não poderá arcar. Ora, não faço isso por amor à noção de que cabe ao intelectual o papel de advogado do diabo. Advoguei, de fato, a causa literal da revolução democrática e das tarefas políticas que o negro deverá conquistar, por sua conta e risco, dentro dela. Não se pode colocar o protesto negro nem no começo nem no fim desse processo histórico. A lição amarga está aí e nos esmaga. Ou o negro avança a sangue frio, com todo o ardor e coragem de que puder dispor; ou continuará indefinidamente no limbo forjado pela Abolição. A *solução gradual* não leva a nada. Ela só é efetiva para os que comandam, que podem usar o gradualismo para aperfeiçoar as suas técnicas de dominação e para intensificar a eficácia dos meios de que dispõem para atingir os seus fins egoístas. Ela nunca nos levará à descolonização na esfera das relações raciais – ou se levar, isso será tão tardio que, provavelmente, nos encontraremos com a felicidade no dia do juízo final. Esta semana ou passará em branca nuvem ou terá de ousar ir além do ponto a que chegou o movimento de protesto negro, sufocado pela ditadura Vargas e pelo Estado Novo. A história não é um circuito incessante de processos históricos em círculos. O ponto de partida atual do protesto negro enfrenta as mesmas exigências que se colocavam a partir da terceira década deste século. Mas a situação nacional e mundial é outra. O que a sociedade brasileira exige do protesto negro também se alterou. Por isso, não devemos ter pena de nós mesmos nem medir o fardo que colocamos sobre os nossos ombros. Tocando para a frente, com o ânimo de sermos dignos de nossa causa e dos deveres que ela acarreta, descobriremos meios e forças para retomar uma bandeira que não pode continuar caída.

LUTA DE RAÇAS E DE CLASSES*

O PT, como e enquanto partido das classes operárias e das massas populares, não pode estar ausente das comemorações do "Dia da Abolição". A data constitui uma ficção histórica. Uma princesa assinou uma lei que extinguia uma instituição que já estava morta. No entanto, a historiografia oficial e as classes dominantes posteriormente transformaram essa data em um marco histórico e a converteram no símbolo de que, no Brasil, a escravidão se encerrara por iniciativa dos de cima e de "modo pacífico".

Ora, os fazendeiros do café ainda pretendiam prorrogar o uso dos escravos, através de contratos que passaram a ser transacionados desde o pico da luta abolicionista (mais ou menos de 1885 em diante, em algumas regiões) e puniram a Coroa por essa "boa ação". E o próprio Estado, sob o Império e de maneira avassaladora sob a República, iria compensá-los por suas "perdas". Os proprietários de escra-

---
* *Teoria e debate.* n° 2, março 1988, p. 6-9.

vos pleiteavam a indenização: obtiveram a imigração em larga escala, financiada pelo poder público. A "Lei Áurea" foi um dissabor, que deu alento ao gigantismo de uma política que já vinha sendo posta em prática e acabou sendo levada às últimas consequências. Os escravos é que foram expulsos do sistema de trabalho e, onde houve abundância de mão de obra livre, nacional ou estrangeira, viram-se diante de uma tragédia. Despreparados para competir com os imigrantes ou para se deslocar para outras ocupações, foram condenados ao ostracismo e à exclusão. Somente a mulher negra logrou enfrentar esse período sem perder onde trabalhar, embora sujeita a uma exploração aviltante. Os abolicionistas deram seus compromissos por terminados. Eles não se soldavam às pessoas dos escravos, mas com o fim da escravidão e o início de uma nova era social, aberta ao trabalho livre, ao "progresso" e à aceleração do desenvolvimento urbano-comercial. Poucos ficaram ao lado dos negros, como o fez exemplarmente Antônio Bento, em São Paulo, combatendo tenazmente os abusos cometidos contra o negro e defendendo sua "redenção social".

Visto de uma perspectiva histórica ampla, o 13 de Maio não constituía o marco da generosidade da raça dominante. Era uma data histórica que testemunhava a vitória dos de baixo, uma data de significado popular. Os principais agentes dessa vitória eram os próprios negros. Os escravos rebelaram-se nas senzalas e deixaram de obedecer aos contratos maquinados pelos senhores, que lhes conferiam a liberdade em troca de um período predeterminado de prestação gratuita de trabalho (cinco, quatro, três ou dois anos). Ao abandonarem as fazendas e aceitarem tarefas a pagamento de fazendeiros vizinhos (o que era proibido pelo código de honra dos fazendeiros), eles desorganizavam a produção e, o que foi mais decisivo no fim, suspendiam a colheita. Já não havia nada a salvar. Nem propriedade do escravo nem sujeição do escravo à lei ou à repressão senhorial. Por outro lado, como assinala Antônio Bento, o verdadeiro apoio de massa à libertação dos escravos provinha de baixo, dos trabalhadores urbanos e dos artesãos, donos e empregados de alfaiatarias, sapatarias, padarias, oficinas etc., que rompiam na prática com a ordem estabelecida. O tope sancionou o que se impunha pelo clamor do Povo. A ingenuidade da princesa serviu à causa popular, o que não impedia que o Brasil fosse um dos últimos países a proclamar oficialmente o término da "instituição odiosa".

Esses fatos são claros. Eles indicam que o PT não pode e não deve engrossar a onda de consagração da versão oficial da história e de endeusamento da ordem estabelecida. Há dois lados nessa comemoração. O da consagração do 13 de Maio como uma realização altruística da Casa Imperial e de elogio à conciliação. O do negro, agente desconhecido das ações decisivas e fulminantes na hora final, e do desmascaramento da história oficial.

O primeiro lado põe-nos diante de uma irrisão. Se houve altruísmo e uma versão construtiva da conciliação, por que a Abolição foi prorrogada até os limites da impossibilidade? Por que o Brasil figura na galeria dos países mais cruéis na espoliação e no massacre dos escravos? Por que não se implantou uma política de assistência e compensação aos antigos agentes do trabalho escravo?

Por sua vez, a segunda versão desvela a história sem as fantasias dos poderosos. O negro se defrontou com condições de trabalho tão duras e impiedosas como antes.

Os que não recorreram à migração para as regiões de origem repudiavam o trabalho "livre", que lhes era oferecido, porque enxergavam nele a continuidade da escravidão sob outras formas. Para serem livres, eles tiveram de arcar com a opção de se tomarem "vagabundos", "boêmios" "parasitas de suas companheiras", "bêbados", "desordeiros", "ladrões" etc. A estigmatização do negro, associada à condição escrava, ganhou nova densidade negativa. A Abolição pela via oficial não abria nenhuma porta – as fechava. Só os negros que viviam em regiões mais ou menos subdesenvolvidas – e não tiveram de competir com os imigrantes pelo trabalho – achavam empregos. Os que submergiram na economia de subsistência deparavam com um meio de vida e de sobrevivência. Os que ficaram nas cidades – e em particular os que foram ou permaneceram em São Paulo – "comeram o pão que o diabo amassou".

Essa é a "herança da escravidão", que recaiu sobre os ombros dos negros. Esse quadro teve um ou outro marco menos dramático ou feliz. Mas, como exceção. Os que haviam recebido alguma pequena herança dos velhos proprietários, os que, por paternalismo, receberam a proteção de famílias brancas poderosas e arrumaram algum emprego como contínuos, serventes ou em cargos modestos, os que já haviam se introduzido nas posições mais baixas do artesanato urbano, os que desapareceram em comunidades negras perdidas nos rincões desse vasto país. Todavia, eles eram a exceção. Campinas e São Paulo, como o demonstram testemunhos históricos da imprensa negra, servem de exemplo de que a abolição "jogou o negro na sarjeta" e ele teve de reerguer-se aos poucos, penosamente, para descobrir que o trabalho livre não era o equivalente social do trabalho escravo.

A Coroa, portanto, não emancipou os negros escravos. Simplificou as coisas para o poder público e para os proprietários de escravos. Eles ficaram desobrigados para conduzir a nova política de imigração em massa e de colonização. O futuro lhes pertencia. Os antigos escravos que se arranjassem e que abrissem seus caminhos como pudessem. Por isso eles eram escravos...

Através do negro e do indígena (e de remanescentes de aglomerados de "homens pobres livres", que vegetavam sob a economia de subsistência) as sequelas da colônia e da sociedade escravista iriam sobreviver e alimentar o subdesenvolvimento. Os trabalhadores brancos (imigrantes e nacionais) forjaram, dentro de pouco mais de um quarto de século, o trabalho livre como categoria histórica. Os demais foram alijados naturalmente desse processo e das vantagens dele decorrentes. Ficaram segregados. Só que os negros viviam dentro dos muros da cidade e não participavam de seus dinamismos, a não ser como exceção que confirma a regra. Em consequência, o negro engolfa-se em uma terrível tragédia. Ele apenas estava presente, sem ser participante ou sendo participante de maneira ocasional. Essas condições histórico-sociais alimentaram a preservação de velhas estruturas sociais e mentais. Elas criaram o refugo social, os rejeitados. Só que o negro vive o drama dentro da cidade, espiando de perto como uns se tornavam GENTE e descobriam um lugar ao sol, enquanto ele vegetava.

Os velhos dilemas se reproduziam. O preconceito e a discriminação se ocultavam por trás do tratamento racial assimétrico, do branco da classe dominante (e de outros tipos de brancos); das iniquidades sociais, econômicas e culturais; da concentração racial da renda e da desigualdade racial extrema – e o negro era empurrado a aceitar e a engolir tudo isso! Não tinha como lutar e como romper socialmente com a "herança da escravidão". O pior é que essa exclusão o marginalizava: o preconceito e discriminação fechavam as oportunidades de integração ao sistema ocupacional ou as restringiam ao mínimo.

Como regra, o homem era mais facilmente contemplado com o "trabalho sujo", com o "trabalho arriscado" e com o "trabalho mal pago"; e a mulher mantinha a tradição de doméstica, da prática dos dois papéis (o de trabalhar e o de satisfazer o apetite sexual do patrão ou do filho-famílias) e da prostituição como alternativa.

Para classificar-se como trabalhador assalariado, pois, o negro tinha de vencer barreiras e, como consequência, foi prolongado o período de transição maldita. Os mais pobres viviam em cortiços, em casas de cômodos ou porões para alugar. Até o negro enfrentava barreiras, indo parar nos cortiços famosos por serem grandes infernos, "buracos da onça", onde a desorganização social campeava à solta e todas as violências ocorriam simultaneamente. Os seres humanos acuados não têm piedade diante de presas mais fracas. Encurralados e "emparedados", aceitavam um estilo de vida que convertia a desgraça em destino coletivo (já que "desgraça pouca é bobagem").

Não adianta ampliar esse quadro tétrico. O que importa assinalar é que "viver na cidade" não queria dizer "superar o passado", pelo menos para a imensa maioria. Este era o canal humano da perpetuação do passado, da continuidade de estruturas sociais e mentais coloniais e escravistas, que o negro odiava, mas não podia extinguir.

Os negros e os mulatos tomaram a si – sem apoio externo – a tarefa de modificar essa situação. Os movimentos sociais no meio negro pretendiam esse objetivo ambicioso, contra todos e contra tudo. Na verdade, se alcançassem êxito, teriam limpado a sociedade brasileira das sequelas do mundo colonial e da sociedade escravista. Através de uma revolução dentro da ordem, conquistariam o que lhes fora negado.

É emocionante acompanhar esses movimentos. Eles não atingiram todo o meio negro, entorpecido e brutalizado demais para dar semelhante salto histórico coletivamente. Mas construíram uma visão negra da sociedade que a ordem legal existente comportava e lhes era proibida. Por suas vias intelectuais e por seus méritos, a imprensa negra e várias organizações ou associações negras denunciaram a realidade, desmascararam as manifestações e os defeitos do preconceito de cor e da discriminação racial, desnudaram a hipocrisia das leis e da constituição. Propuseram-se ser os campeões de sua defesa, porque aspiravam à condição de cidadão e lutavam por instituir a Segunda Abolição, a abolição erigida pelos negros e para os negros. A antítese da "abolição oficial", da falsa abolição, que só emancipou os senhores de suas obrigações econômicas, sociais e morais diante do escravo. Foram a fundo na análise objetiva das responsabilidades do negro pela situação existente. Mas foram ainda muito mais longe na denúncia do branco e na descrição do "mundo dos negros" que a Abolição e suas sequelas produziram para "manter o negro em seu lugar".

O PT precisa tomar posição diante dessa problemática, divorciando-se das ilusões correntes. Não basta ser socialista para entender o que sucedeu com o negro e o que deve se fazer para alterar a situação racial que persiste até hoje. Não basta recorrer ao "movimento popular" como terapêutica de assistência social e de "cura" na opção pelos excluídos. Essa linguagem pode traduzir solidariedade humana e fraternidade social. Não obstante, o dilema social representado pelo negro ligase à violência dos que cultivaram a repetição do passado no presente. E exige uma contraviolência que remova a concentração racial da riqueza, da cultura e do poder. Esse dilema liga entre si luta de classes e luta de raças (uma não esgota a outra e, tampouco, uma não se esgota na outra). Ao se classificar socialmente, o negro adquire uma situação de classe proletária. No entanto, continua a ser negro e a sofrer discriminações e violências. Afirmar-se somente pela raça pressupõe uma utopia. A resistência negra nas décadas de 1930, 1940 e parte de 1950 suscitou o reacionarismo das classes dominantes, que logo denunciaram o "racismo negro"! Além disso, mesmo onde negros e brancos conviviam fraternalmente, nem por isso os brancos sentiram-se obrigados a dar solidariedade ativa aos porta-vozes e às manifestações da rebelião negra. Hoje, a situação histórica é distinta, e nos impele a pensar sobre o assunto sem as viseiras do socialismo reformista e da assistência social humanitária.

De um lado, é imperativo que a classe defina a sua órbita, tendo em vista a composição multirracial das populações em que são recrutados os trabalhadores. Todos os trabalhadores possuem as mesmas exigências diante do capital. Todavia, há um acréscimo: existem trabalhadores que possuem exigências diferenciais, e é imperativo que encontrem espaço dentro das reivindicações de classe e das lutas de classes. Indo além, em uma sociedade multirracial, na qual a morfologia da sociedade de classes ainda não fundiu todas as diferenças existentes entre os trabalhadores, a raça também é um fator revolucionário específico. Por isso, existem duas polaridades, que não se contrapõem mas se interpenetram como elementos explosivos – a classe e a raça.

Se a classe tem de ser forçosamente o componente hegemônico, nem por isso a raça atua como um dinamismo coletivo secundário. A lógica política que resulta de tal solo histórico é complexa. A fórmula "proletários de todo o mundo, uni-vos" não exclui ninguém, nem em termos de nacionalidades nem em termos de etnias ou de raças. Contudo, uma é a dinâmica de uma estratégia fundada estritamente na situação de interesses exclusivamente de classe; outra é a dinâmica na qual o horizonte mais largo estabelece uma síntese que comporte todos os interesses, valores e aspirações que componham o concreto como uma "unidade no diverso". Classe e raça se fortalecem reciprocamente e combinam forças centrífugas à ordem existente, que só podem se recompor em uma unidade mais complexa, uma *sociedade nova*, por exemplo. Aí está o busílis da questão no plano político revolucionário. Se além da classe existem elementos diferenciais revolucionários, que são essenciais para a negação e a transformação da ordem vigente, há distintas radicalidades que precisam ser compreendidas (e utilizadas na prática revolucionária) como uma unidade, uma síntese no diverso.

Um exemplo pode ilustrar o raciocínio. Os operários podem interromper um movimento porque conquistaram o aumento do salário, a introdução de comissões no local de trabalho, a readmissão de colegas demitidos, liberdade de greve e de organização sindical etc. Não obstante, os trabalhadores negros poderão ter reivindicações adicionais: eliminação de barreiras raciais na seleção e promoção dentro da fábrica, convivência igualitária com os colegas, supressão da condição de bode expiatório na repressão dentro da fábrica e fora dela, acesso livre às oportunidades educacionais para os filhos etc. A moral da história é que, embora o trabalho seja uma mercadoria, onde há uma composição multirracial nem sempre os trabalhos iguais são mercadorias iguais... Nas lutas dentro da ordem, a solidariedade de classe não pode deixar frestas. As greves e outras modalidades de conflito, que visam o padrão de vida e as condições de solidariedade para o trabalhador, não podem admitir a reprodução das desigualdades e formas de opressão que transcendem à classe.

Esse não é, porém, o argumento mais importante. A classe é, para o proletário, a formação social que organiza o seu confronto com a ordem. O essencial não é o "melhorismo", a "reforma capitalista do capitalismo". Mas, a eliminação da classe, do regime de classes e da sociedade organizada em classes. Em sociedades de origem colonial há elementos de tensão que tornam algumas categorias de proletários mais radicais e revolucionários que outras. Quer para as transformações dentro da ordem, quer para a revolução contra a ordem, tais elementos de tensão são cruciais para a radicalização e a tenacidade dos movimentos sociais proletários.

Isso não quer dizer que todo o negro poderá ser um militante proletário mais firme e decidido que os demais. Quer dizer que a raça é uma formação social que não pode ser negligenciada na estratégia da luta de classes e de transformação dentro da ordem ou contra a ordem, que há um potencial revolucionário no negro que deve ser despertado e mobilizado. Uma coisa é jogar contra o capital o dinamismo negador de classe contra classe. Outra coisa é jogar contra ele todos os dinamismos revolucionários que fazem parte da situação global. O negro acumulou frustrações e humilhações que tornam incontáveis os seus anseios de liberdade, de igualdade e de fraternidade. Ele não pode dar a outra face. É tudo ou nada. Ou rebeldia ou capitulação. Ou democracia para valer ou luta contra os grilhões, agora ocultos por uma pseudodemocracia. Reflexões desta natureza podem parecer equivocadas. Mas, por que as elites temem as classes trabalhadoras e, mais ainda, "o populacho", em sua maioria composto de negros e de mestiços? O essencial é que há uma abolição a ser construída e que os negros tomaram em suas mãos, há mais de cinquenta anos, a ideia de realizar uma Segunda Abolição. Não podemos manter as posturas das comemorações oficiais. Porém, também não podemos fazer a celebração proletária da abolição. Esta implica transcender a ordem existente, destruí-la, criar uma nova ordem social libertária e igualitária. Não é suficiente, pois, dizer não às comemorações oficiais, desmascará-las. É necessário refletir a fundo sobre a realidade atual e propor ao PT que ele dê as mãos aos negros e a todos que exigem uma abolição que se atrasou historicamente e deve ser feita dentro do capitalismo, contra ele, ainda na era atual.

A CLASSE MÉDIA E OS MULATOS: A QUESTÃO DOS "NEGROS DE ALMA BRANCA"*

Você enfatiza muito a relação raça-classe, mas, quando se fala da "classe média negra", tem de se levar em conta que ela cumpre um papel de legitimação da ordem racial existente. No meu livro A integração do negro na sociedade de classes, na parte relativa ao "novo negro", vimos que ele cumpre realmente este papel de legitimação, mas também há um outro aspecto. Ele é um negro que conheceu os movimentos de protesto norte-americanos na década de 1960 e viu que estes movimentos não tiveram ressonância, viu que o meio negro não teve maturidade, autonomia suficiente para levar estes movimentos às últimas consequências e se retraiu, utilizando as técnicas consagradas pela ordem existente. O branco endossa, no Brasil, aquilo que chamei de "exceção que confirma a regra", ou seja, o melhor talento é separado

---

* Entrevista ao jornal Em Tempo, São Paulo, de 31-07 a 13-08-1980. Entrevistadores: Vanderlei, José Maria e Rafael Pinto. O trecho ora publicado corresponde à segunda parte da entrevista.

do meio negro e jogado na sociedade global. Este indivíduo que "sobe" destrói todos os seus vínculos com o meio de origem e se redefine como um negro de alma branca. Isto gera no meio negro a acefalização da população de cor. Mas, e este é o outro aspecto, do ponto de vista do branco este negro que "subiu" também é um problema, pois o negro não aceita mais viver a vida social dirigida sob as expectativas do branco. O negro quer se afirmar em condições competitivas, criando muitos problemas para o branco; ele chega a preferir o isolamento como indivíduo, como família ou mesmo como grupos dentro de associações negras. Enfim, ele prefere se isolar a ter de aceitar o jogo do branco. Nisto eu vejo um papel construtivo; este negro está vivendo um drama histórico, ele é um indivíduo de transição. Ele não tem outra alternativa para subsistir na sociedade. Se a sociedade abre caminhos, ele tem que ir por estes caminhos; neste momento, esse "novo negro" é importante, ele está educando o branco na percepção do negro, na redefinição do negro e está contribuindo para que a distância racial diminua.

Mas a maioria dos "novos negros" repudiam os movimentos políticos de protesto.

Sim, eles não querem fazer parte dos movimentos de protesto e inclusive desenvolveram toda uma concepção de que todos os movimentos dão "azar" e que ao invés de ajudarem atrapalham, e que o problema brasileiro não é bem este, que se vários indivíduos lograrem êxito então a coletividade como um todo redefine sua posição social. É uma réplica da ideia do branco de que a solução do problema racial deve ser gradual e que a longo prazo o Brasil não terá problema algum. Então aí há um aspecto negativo e principalmente no uso que um regime ditatorial possa fazer. Os negros que apoiam este regime estão afinados com as elites no poder. São indivíduos que levaram o negro, por exemplo, neste período de ditadura, a ser um dos grupos que deu base popular ao golpe militar de 1964 com a manifestação do dia 13 de Maio que contou com umas 5 mil pessoas.

Por isso, o problema que se apresenta ao movimento negro não é isolar estes elementos, eles têm de ser recuperados, através de uma educação política. Não adianta nada hostilizar esses elementos e jogá-los do lado da reação dos brancos. O problema é criar uma consciência de responsabilidade para que esses elementos vejam de outra forma a sua importância para o meio negro, para que eles aceitem um ônus real pela luta de igualdade racial, porque na verdade eles aproveitam as *chances*, mas não estão lutando por uma autêntica democracia racial. Se eles realmente fossem conquistados pelo movimento negro e este movimento tivesse envergadura para absorver negros de classes diferentes, a raça sendo o denominador comum, eles teriam papéis eficientes e importantes. Inclusive, todos eles têm frustrações graves. O que eles não conseguem é converter estas frustrações numa linguagem política. É esta função que o movimento de protesto tem de realizar. Dentro dele, os grupos que podem exercer uma liderança intelectual têm de estar calibrados para equacionar os mais variados tipos de problemas.

Como você vê a dificuldade de caracterização do negro brasileiro, já que a miscigenação é um dos empecilhos à consciência racial no Brasil?

Numa pesquisa que fiz há muitos anos, encontrei uma grande ambiguidade porque o negro e o mulato não aceitavam ser chamados de negros ou mulatos. Houve um progresso muito grande no Brasil, desde então – e tudo como consequência das reviravoltas que ocorreram por causa das revoluções africanas, dos movimentos negros dos EUA e África do Sul –, quer dizer, o orgulho de ser negro acabou se redefinindo e se disseminando pelo mundo. Mas na década em que fizemos a pesquisa certas pessoas até reagiam mal se disséssemos que era um negro, mesmo que fosse em termos de fenótipo. Não podíamos chamar de negro, mas de "homem de cor". Havia também pessoas que dentro das representações sociológicas brasileiras, e com uma maior tolerância dos brancos, seriam incluídas neste grupo mas que queriam ser consideradas negras. São aqueles que os brancos chamam de "pretos disfarçados".

Agora do meu ponto de vista, como nós não temos um referencial claro, eu preferi usar as palavras negro e mulato. Se o preconceito no Brasil fosse mais definido e assumisse a forma que assume nos EUA e África do Sul, o termo negro seria aceito por toda a população negra e mestiça. O ideal de um movimento político é esta unificação, embora o mulato no Brasil não esteja subjetivamente preparado para isto. Objetivamente, porém, a participação do negro e do mulato na desigualdade é desigual.

Se considerarmos as estatísticas da população economicamente ativa, por exemplo, ao nível do empregador, vamos encontrar uma proporção maior de mulatos que de negros. Isto não só em São Paulo, mas na Bahia e em outros Estados. A mesma coisa acontece nas oportunidades educacionais, apesar de o mulato sofrer uma violenta discriminação do branco. Quando se comparam especificamente negros e mulatos, há uma discriminação em favor do mulato.

É interessante ver como na preferência por cônjuges isto surge. Tanto a mulher quanto o homem, entre negros e mulatos preferem casar com brancos, a segunda escolha com mulato e a terceira escolha com negro e isto de uma maneira que até dá origem a padrões estabelecidos. No meu trabalho uso dados estatísticos que mostram isto, não só a preferência nos intercasamentos se definindo nesta linha. As alternativas de escolha fazem com que para o negro às vezes seja difícil ter uma mulher branca, então ele fica com uma mulata. Só em último caso é que ele vai preferir uma negra.

O que o professor Roger Bastide chamava de "linhas de competição pelo sexo" em termos de cor, se reproduz em várias direções. Por isso, dentro da população negra e mestiça não há homogeneidade. Criar esta homogeneidade é um problema preliminarmente político: trata-se de levar o mulato a se identificar não com o branco, não com a rejeição à luta contra o preconceito, mas levá-lo a aceitar a sua condição de negro e fazer com que sejam negros todos os que possuam caracteres de origem. Isto seria um elemento importante, mas acontece que não ocorre. Na nossa pesquisa, os problemas psicológicos que nós encontramos ou foram de mulatos que tinham pânico de ter descoberto que eles não possuíam a situação racial que aparentavam ou então de mulatos que enfrentavam atritos muito violentos por causa da diferença de cor do pai, da mãe ou mesmo dos filhos. Dramas pessoais graves, incríveis. Certo indivíduo que deixa de se relacionar com a mãe ou então que na rua caminha afastado da família. Vários problemas familiares como a rejeição do filho mais escuro, identificação com o filho mais claro, a ideia da purificação, que é uma maneira de absorver as avaliações do meio branco.

Portanto, não posso dizer que o negro e o mulato vivem o mesmo drama, mas posso dizer que o mesmo drama cabe aos dois. Subjetivamente o mulato pode não absorver este componente dramático de sua vida, mas objetivamente ele leva uma vantagem em relação ao negro, isto ele leva. Se eu pegar algumas estatísticas poderemos ver, por exemplo, que no que se refere às oportunidades educacionais, no item dos diplomados, fica patente um nível de competição mais definido. Vê-se que, quando se passa do ensino primário ao de nível médio, as diferenças entre negros e mulatos aumentam e principalmente quando se passa do nível médio ao nível superior. Ou seja, as oportunidades são distribuídas desigualmente, favorecendo mais o mulato e dando-lhe meios de competição e de ascensão que o grosso da população negra não possui.

Tudo isto cria um problema político aos movimentos de protesto: como fazer para reeducar o mulato, como levá-lo a sair de um comportamento egoístico e individualista? Como levá-lo a ter uma visão mais responsável do problema do negro e do mulato no Brasil?

É preciso ver que, em todas as sociedades racialmente heterogêneas, o mulato tem uma importância relativamente grande, porque ele vive o drama da marginalidade racial de uma forma mais intensa e isto faz com que ele oscile muito. No Brasil, por exemplo, as acusações recíprocas de negros e mulatos atestam isto. O mulato diz que não se pode confiar no negro porque ele é ignorante; e o negro diz não poder confiar no mulato porque na hora H ele tira o corpo fora. Apesar disso, as análises psicológicas e sociológicas demonstram que o mulato vive mais intensamente a marginalidade racial e ele aponta com mais profundidade os problemas que afetam as populações discriminadas.

Por isso é importante o desenraizamento do mulato. Ele sai mais facilmente da condição isolada e tradicional de grande parte da população negra, já que esta não possui as mesmas oportunidades de ressocialização. Certo professor norte-americano, que andou fazendo pesquisa aqui no Brasil sobre o uso de palavras para descrever os mestiços, encontrou um número enorme de palavras. Eu não concordo com as conclusões a que ele chegou, mas a existência deste número enorme de palavras indica que há uma ambivalência muito grande. Quando utilizo as palavras "negro" e "mulato" eu sei que os problemas não são iguais, ambos participam dos mesmos problemas mas em intensidades diferentes.

É preciso que os movimentos negros de protesto consigam criar certas percepções básicas que tenham validade universal, superando assim este dilema.

Como você está vendo, neste momento de abertura política, o avanço do movimento negro brasileiro?
Em primeiro lugar, eu questiono este negócio de "abertura". É um problema na sociedade brasileira: grupos submetidos à dominação das elites tendem a absorver a linguagem política destas classes. Esse é um processo negativo, pois assim se define um golpe de Estado como "revolução"; se define uma adaptação da ditadura a uma condição de transição criada por ela própria como "abertura democrática". É uma linguagem negativa para os grupos que estão em luta contra a própria ditadura. Eu não vejo que exista alguma abertura e não veria este processo como algo que possa afetar algo tão profundo, tão estrutural na sociedade brasileira quanto a situação do negro e do mulato e das populações pobres de maneira geral. A "abertura" é um processo histórico e rela-

tivamente superficial. É a simples tentativa de um governo ditatorial de redefinir o seu próprio espaço político, não para toda a sociedade, mas para sua própria atuação. Nesse espaço não há lugar para o negro.

Como você vê o potencial de mobilização política da população negra em conjunto com as classes exploradoras no atual momento da sociedade brasileira?

O uso da violência pelas classes privilegiadas no Brasil sempre teve o objetivo de implantar o medo, o temor nas massas destituídas da população e isso foi particularmente intenso com relação ao negro por causa da escravidão. A escravidão institucionalizou todas as formas mais brutais de repressão e opressão que se poderia imaginar, de modo que o negro sofreu a violência intrínseca da sociedade da maneira mais intensa e prolongada que qualquer outro setor da população brasileira. Porém, é típico que grupos e classes dominadas acabem descobrindo dentro de si a capacidade de lidar com o medo e então pode ocorrer que os chamados "malditos da terra" voltem a violência contra os seus opressores. É um fenômeno que na história moderna está ligado às grandes revoluções proletárias que ocorreram na URSS, China e Cuba. No Brasil, é possível ver que o operário começa a sair do fundo do poço, vencendo o medo provocado pela repressão e pelo uso da violência praticada pelas classes dominantes. Portanto, o potencial existente está sendo mobilizado, está se transformando numa reação ativa, numa tentativa de contraviolência organizada em resposta à violência institucionalizada das classes dominantes.

O processo em relação ao negro ainda não pode ser avaliado, porque o negro, quando é protagonista desses processos, está diluído na massa que se insubordina, que reage contra a violência. Ainda assim, comparando-se com os movimentos de protestos raciais das décadas de 1930 e 1940, hoje o patamar de contraviolência do movimento negro mudou de qualidade. Naquelas décadas, o ideal da "Segunda Abolição" vinha revestido com as concepções liberais de defesa da ordem existente; hoje é possível ver que as manifestações de protesto negro e principalmente a ideia da "Segunda Abolição" já estão envolvidas numa concepção diferente da luta política que torna a presença do negro mais congruente com as transformações da sociedade brasileira. Isto significa que o movimento se politizou e se radicalizou.

É assim que eu analiso a manifestação de 7 de julho de 1978 do Movimento Negro Unificado, pois, enquanto nas décadas de 1930 e 1940 o negro procurava inibir o teor ideológico do protesto racial, agora a tendência é elevar o nível da radicalização ideológica e ao mesmo tempo politizar o protesto, de modo a ter o máximo de ataque explícito à ordem existente. Assim, a contestação define o que deve ser atacado de maneira nítida, sem subterfúgios e sem compromissos com as manifestações mistificadoras de defesa da ordem racial existente. À medida que a eficácia política da radicalização e da politização aumenta, ela exige a reavaliação da potencialidade do protesto do negro e do mulato. Nas décadas de 1930 e 1940, havia a peculiaridade de que os negros buscavam abrir caminho dentro de uma ordem capitalista competitiva; agora a situação se alterou muito. Atualmente o próprio nível da luta política do branco se alterou, por causa da existência da ditadura, da industrialização maciça, da transformação do regime de classes. Nesse sentido, a radicalização que ocorre no meio negro corresponde paralelamente à radicalização que está ocorrendo ao nível do trabalhador em geral, já que o regime de classes se diferenciou e está surgindo uma vanguarda operária que tende a autonomizar o movimento operário e a lutar de outra forma contra a supremacia das classes burguesas. Com todas estas transformações o campo que o protesto negro tem para uma afirmação negadora é muito mais amplo e muito mais profundo.

Na década de 1930 a Frente Negra tinha uma organização muito ampla mas que permanecia isolada das lutas gerais da época. Hoje o movimento negro busca se combinar com as lutas de toda a população.

Sim, foi isso que acabei de dizer. Mas eu não sei se na década de 1930, o negro poderia ter ido mais longe do que ele foi. A Frente Negra não era o único movimento de protesto desse período, existiam outras correntes. O que diferenciava a Frente Negra era a arregimentação, a tentativa de estruturação orgânica dos quadros com uma liderança burocrática bem definida e com uma disciplina mais ou menos delimitada. Outros grupos que eram até mais radicais recusavam a arregimentação. O que ocorria naquele momento era que o protesto dos trabalhadores estava muito diluído dentro da demagogia das classes dominantes. A Revolução de 1930 revitalizou as lideranças das classes possuidoras redefinindo o eixo da dominação política destas classes. Isso fez com que o demagogo acabasse se tornando o elo da manipulação das classes subalternas pelas classes possuidoras. Quando se compara com o que aconteceu no protesto negro, vê-se que ele teve mais pureza, ele repetiu o movimento típico da liderança da elite, na medida em que o ideal da "Segunda Abolição" buscava criar uma democracia real. Já afirmei que o único movimento populista autêntico que nós tivemos foi o dos negros, pois ele perfilhou esta figura do branco que se proclama democrático e de uma república que se proclamava democrática; o movimento negro cria assim uma contraideologia racial que desmistifica todas as formas de racionalização que eram usadas pelos brancos das classes dominadoras. O movimento negro não teve resposta naquele momento exatamente porque as classes subalternas não tiveram um patamar maduro para a luta política. Hoje este patamar está surgindo e ele vai se consolidar de maneira relativamente rápida nestes últimos anos de século XX, caracterizando as transformações do sistema capitalista. As classes trabalhadoras vão aprofundar a sua luta política repudiando a hegemonia do capital.

E, nesse contexto, como você vê o papel político do negro?

Bem, é importante que o negro entre nesse contexto ao invés de ir contra ou ficar fora. Muitos acham que o potencial do negro é melhor aproveitado quando ele se afirma só como raça. Mas se ele se afirmar somente como raça ele vai se isolar. O negro deve estar junto com os grupos que podem levar o protesto social até o fundo, pois se o negro estiver presente ele irá dinamizar o espaço político das classes trabalhadoras. É por isso que eu acho que é o momento de um lance entre raça e classe. Não para neutralizar o elemento raça, pois se neutralizar não haverá grupo humano que vá apresentar as reivindicações que são específicas da população negra. É imperativo que o negro entre como e enquanto negro, mas também substancialmente como negro que faz parte das classes despossuídas e das classes trabalhadoras e assim ele pode viver os dois papéis políticos simultaneamente e dar maior eficácia aos dois. Se ele tentar se isolar, ele vai falar sozinho, não aproveitando o espaço político que está surgindo; se falar unicamente como classe ele não levantará as bandeiras que são essenciais, porque a desproporção que existe nos padrões de carreira entre brancos e negros é enorme. Ninguém pode negar isto. É preciso que o negro coloque seus problemas, porque na desigualdade existem os mais desiguais; e as desigualdades que afetam o negro o afetam em termos de classe mas também de raça. Por isso, no meu trabalho *Além da pobreza*, saliento que, depois de vencer o limiar da pobreza, o negro tem outros problemas que os brancos não têm. A desigualdade racial é uma das desigualdades estruturais da sociedade brasileira.

No passado, o negro que podia formular os problemas com frequência era de classe média. Então enfatizava-se muitos problemas de mobilidade social, quando a grande massa de população negra tinha problemas de conquista do emprego, a organização da família, a educação dos filhos e a defesa de níveis mínimos de vida e saúde. Problemas básicos que afetam o negro de maneira muito especial.

Você poderia aprofundar um pouco mais o papel que desempenha a classe média negra?
No trabalho que fiz com o professor Roger Bastide,* ele falava de uma falsa classe média de "cor". Eu tenho a impressão que o referencial de classe média com relação ao negro e ao mulato em São Paulo não é o fictício, ele é real. É evidente que nestes últimos 30 anos, depois que fizemos a pesquisa, ocorreram alterações que afetam a posição do negro na estrutura da sociedade de classes em São Paulo.

---

* *Branco e negro em São Paulo*. 2ª ed., São Paulo: Editora Nacional, 1959.

Pode-se dizer que a classe média consolidou sua posição. Hoje é possível encontrar negro ou mulato com o próprio carro e até mesmo alguns negros ricos (o próprio conceito de *rico* precisa ser redefinido). Então a diferenciação que afetou a sociedade brasileira na transformação do regime de classes apanhou transversalmente a população negra e mulata de São Paulo. Mas estas alterações não foram globais e se mantiveram muito discrepantes com relação às proporções de cor. Se o número de negros e mulatos que têm emprego, que têm o mínimo de participação numa sociedade de classes aumentou, o número dos que estão jogados em trabalhos marginais, em que não encontram nenhuma perspectiva de socialização dentro dos requisitos de uma sociedade capitalista, continua a ser desproporcional.

O CENTENÁRIO DA ANTIABOLIÇÃO*

O Movimento Negro do PT pretende participar ativamente dos "festejos" do Centenário da Abolição. Mas irá participar de forma crítica e desmistificadora. O que significa abolir? Extinguir, acabar ou revogar. Doutrinariamente, a Abolição deveria corresponder à consagração do abolicionismo, à redenção do agente do trabalho escravo. No entanto, ocorreram simultaneamente dois movimentos convergentes de caráter abolicionista. Um, que era expressão do liberalismo e do humanitarismo radicais dos brancos, com frequência nascidos na casa-grande ou aliados dos interesses senhoriais, e que queriam libertar o Brasil da nódoa e do atraso da escravidão. Outro, que vinha da senzala e exprimia a luta do escravo para passar da condição do escravo para a condição de homem livre. O primeiro movimento era pacífico e, em essência, libertava

---

* Elaborado e publicado como documento na Comissão Petista do Centenário da Lei Aurea; *Raça & Classe*. Brasília, Ano 1, n° 4, 1988.

a sociedade dos entraves ao desenvolvimento capitalista, que resultavam da imobilização do capital e da inibição dos dinamismos do capitalismo comercial e industrial, que provinham da persistência do modo de produção escravista e do trabalho escravo. O segundo associava-se à violência, à fuga, ao aparecimento de quilombos e à fermentação de conflitos sociais nas fazendas, nas zonas de plantações e mesmo nas cidades. Joaquim Nabuco e José do Patrocínio representavam o primeiro tipo de movimento. Negros escravos e libertos anônimos eram os paladinos do segundo movimento, que ganha corpo aos poucos e, na última década do século XIX, leva a desorganização às fazendas e as inquietações sociais aos lares dos grandes proprietários. Excepcionalmente, algum branco do estamento senhorial colaborava com essa mobilidade de agitação abolicionista insurgente, como Antônio Bento e certos caifazes. Os brancos que davam maior apoio a essas lutas antiescravistas eram pobres, artesãos, operários ou pequenos comerciantes, segundo informações do próprio Antônio Bento, o mentor da *redenção do negro* (não da mera emancipação do escravo).

O 13 de Maio foi um ato de romantismo político (do ponto de vista da casa imperial) e jogou contra o trono a fúria dos últimos senhores de escravos. De fato, a escravidão esgotara-se como modo de produção e os novos centros de expansão da lavoura encerravam o ciclo da substituição maciça do trabalho escravo pelo trabalho livre. Os célebres contratos com os escravos, com cláusulas temporárias para a sua libertação definitiva, constituíam um ardil, através do qual os proprietários extorquiam dos escravos mais alguns anos de trabalho. No fim, era um artifício para prender o escravo até a realização das colheitas. Os episódios que marcam essa época histórica e dão o sentido das ações dos senhores são os mais vergonhosos e vis que se poderiam imaginar: eles desmascaram a natureza espoliativa da relação senhor-escravo – até o último instante, prevaleceu o instinto predador e o espírito de lucro grosseiro, que dominaram o horizonte cultural senhorial. Retendo os escravos por "mais algum tempo" tornava-se possível atingir fins imediatos, ligados à produção, à colheita, à exportação; e conseguia-se tempo para buscar o substituto do escravo, no mercado em que se comprava ("contratava-se") o imigrante com a sua família ou o morador nativo com sua família. O "trabalho livre" emergia como equivalente do trabalho escravo e o trabalhador livre como uma espécie de escravo temporário, não declarado.

Essa situação era o produto de uma evolução natural do regime de produção escravista e da impassibilidade de se tirar de dentro dele, como do regime de produção artesanal na Europa, o trabalhador qualificado e o pequeno ou médio empresário. Enquanto perdurou o medo de que a supressão do tráfico conduziria o Brasil a um beco sem saída, os senhores e os teóricos do escravismo desenharam utopias sobre a preparação e a educação do escravo para o trabalho livre. Quando se descobriu que esta era uma alternativa hipotética e que existiam outras possibilidades mais baratas e menos complexas de transição, abandonaram-se tais ideias e largou-se o negro à sua sina. Por isso, o 13 de Maio foi uma festa às meias. Tirava dos ombros do senhor o "fardo da raça branca" e engendrava-se o que os fazendeiros paulistas batizaram como "*o homem livre na Pátria livre*". Só que o "homem livre", por algum tempo, continuaria a ser recrutado nos estratos dominantes da "raça branca" (até que os trabalhadores criaram o *trabalho livre* como categoria histórica) e o negro estava condenado a um destino trágico. O senhor não recebeu do Estado a indenização pelo prejuízo provocado pela perda da propriedade sobre o escravo. Mas obteve mais do que isso, indiretamente, através do financiamento de uma política oficial de imigração e de proteção à exportação, que resolvia seus problemas de mão de obra e de comercialização do café. Em seguida, com a República, o fazendeiro tornava-se beneficiário de uma oligarquia perfeita, que unia seu poder local ao poder estatal, unificando seus interesses econômicos, sociais e políticos, em termos de uma política econômica fundada em sua situação de classe.

Desse ângulo, o 13 de Maio brilhou como um sol que protegia unilateralmente os senhores, os seus objetivos imediatos e os desdobramentos destes a médio e a longo prazos. O negro e o liberto perderam em toda a linha. Na competição com os imigrantes, foram desalojados pelas preferências dos proprietários pelo "homem livre", visto como mais apto e produtivo. Selecionados negativamente nas áreas em desenvolvimento econômico acelerado, viram-se também expostos a uma dura escolha. Os salários vis que lhes ofereciam enquadravam-se numa política geral de salários baixos. O ex-escravo e o ex-liberto viram-se na contingência de repudiar as ofertas de trabalho, pois viam nelas a continuidade da escravidão por outros meios. Tiveram de retrair-se, retomando os caminhos que os levavam de volta às regiões de origem, submergindo na economia de subsistência, ou recorriam ao parasitismo sobre a mulher negra, ou tinham de submeter-se aos "trabalhos sujos", literalmente, "trabalhos de negro". O círculo se completara. Egressos despreparados para o trabalho livre da crise final da economia escravista, não encontravam dentro do sistema de trabalho livre emergente oportunidades de acesso e de integração. Portanto, o 13 de Maio dobra a última página de uma tragédia. O negro era expulso de uma economia, de uma sociedade e de uma cultura, cujas vigas ele forjara, e enceta por conta própria o penoso processo de transitar de escravo a cidadão. Este seria um processo de longa duração, pouco rápido em toda a parte e fragílimo no Brasil como um todo. O 13 de Maio não descerrava para o negro "novas oportunidades". Extinguia as velhas ocupações sem engendrar outras novas. Então começa a pugna feroz do negro para *"tornar-se gente"*, para conquistar com suas mãos sua autoemancipação coletiva. O passo inicial consistia em penetrar no mundo da classe, de tomar-se assalariado e, por aí, assimilar a cultura do proletário e do morador da cidade.

Nas cidades, os negros iriam multiplicar suas desgraças, mas, ao mesmo tempo, forjariam uma consciência social de rebelião coletiva. Aparecem pequenos clubes, alguns jornais, escritores negros ou mulatos leais à raça. O passo seguinte envolveu a formação de movimentos sociais de autoanálise, de autocrítica e de demolição devastadora da hipocrisia do branco. O "negro emparedado" desmistifica-se e desmascara a ordem legal existente, demonstrando que ela se fechava para o negro, por causa do preconceito e da discriminação raciais. Os movimentos sociais não encontram receptividade entre os brancos, que não os compreendem e os encaram como "racistas", invertendo defensivamente a equação libertária do negro. Este exige cidadania completa, em todos os sentidos. No trabalho, no lar, no meio ambiente global. Torna-se o paladino da liberdade maior, da liberdade com igualdade, que somente os brancos revolucionários, vinculados ao socialismo e ao comunismo, deveriam entender (mas não entenderam: os movimentos sociais do meio negro atingem o apogeu na década de 1930; os partidos socialistas e comunistas apenas depois da década de 1960 começam a aprender que a classe não explicava tudo e que, com referência ao negro, era necessário combinar raça e classe para descrever e explicar as contradições da sociedade brasileira. Os sociólogos, porém, fizeram essa descoberta no início de 1950, sem serem devidamente ouvidos, mesmo pelos negros). Importa ressaltar duas coisas. Primeiro, é que o 13 de Maio subsiste como uma data falsa, uma "data do milagre", que teria redimido o escravo de um momento para o outro. Segundo, que foram os negros, pelos movimentos sociais e segundo suas próprias palavras, que montaram peça a peça a *"nova abolição"*, a abolição da qual e pela qual eles se impunham como gente, como seres livres e iguais a todos os outros, partindo da raça para injetar seu ideal libertário e igualitário na classe social e na sociedade nacional.

O movimento negro sente-se, pois, como responsável por uma vertente do pensamento social revolucionário dentro do PT. Ao romper com o convencionalismo da interpretação oficial do 13 de Maio, tenta convidar o PT a ser coerente com sua condição de partido que advoga o socialismo proletário. O trabalho lança suas raízes, no Brasil, no trabalho escravo. Por sua vez, a acumulação capitalista interna, como processo histórico específico, ganha impulso, depois da Independência, graças ao excedente econômico gerado pelo trabalho escravo. Isso quer dizer que o "mundo moderno" iria aparecer, aqui, de uma acumulação originária de capital sustentada sobre a espoliação do negro pelo branco. E, indo mais longe, a proletarização teve suas origens e seus limites não no "mundo que o português criou", mas no "mundo que o escravo produziu". Essas origens e esses limites contêm a marca colonial e neocolonial; contudo, também são profundamente determinadas pelo modo escravista de produção, por seu agente humano e pela elaboração do trabalho assalariado como substituto e equivalente do trabalho escravo. Os trabalhadores brancos, estrangeiros e nacionais, incumbiram-se da tarefa essencial de passar a limpo a noção de trabalho livre como categoria histórica. Agora, ela precisa abranger o negro, em todos os seus pressupostos ou determinações. Socialismo proletário, entre nós, implica raça e classe indissoluvelmente associadas de modo recíproco e dialético. Mesmo no contexto da sociedade de classes vigente – capitalista e burguesa – deve-se contrapor a democracia vinculada à classe à democracia que resulta de uma amalgamação de raça e classe. Foi fácil, por exemplo, ao italiano ou ao alemão atravessar a linha de classe. O mesmo não acontece com o negro. Este precisa atravessar duas linhas de resistência, de integração e de dissolução: a da classe e a da raça. O proletário negro propõe ao PT o limite mais amplo da liberdade com igualdade, no seio da democracia burguesa ou numa futura sociedade socialista.

Daí ser imperioso o desmascaramento da história – a começar pelo 13 de Maio e pela realidade concreta de uma República que só é democrática para os de cima. A emancipação coletiva dos de baixo, no estágio atual, exige que o PT se volte para o passado e descubra qual era a essência do 13 de Maio. Como outras manifestações históricas similares, o 13 de Maio foi uma revolução social dos brancos, pelos brancos e para os brancos dos estratos sociais dominantes. Ele dividiu os de baixo e compeliu os negros a rolar até os últimos degraus da exclusão, do desespero ou do trabalho que todos repeliam. Isso obrigou os negros a lançarem-se à conquista do seu 13 de Maio, a uma nova Abolição, que passou ignorada, mas os colocou na condição de agentes históricos retardatários. Eles abriram para si as portas da sociedade de classes, penetraram no mercado pelas vias mais duras e começaram a classificar-se, através de um processo histórico lento, prolongado e oscilante, como trabalhadores livres no sentido pleno do conceito. Hoje, seu movimento social conflui em várias direções, inclusive na do PT, e sua bandeira de rebelião social é outra. Eles formam, a um tempo, a vanguarda radical das forças sociais da revolução proletária e o fermento político de um socialismo revolucionário que se opõe contra os dois antigos regimes superpostos à existência da classe e da raça, como meios de exploração econômica, de dominação social e de subalternização cultural. A "Segunda Abolição" ainda não se completou. Todavia, o seu percurso é claro. Ele termina e atinge seu clímax em um movimento social que constrói dentro do PT seus vínculos mais fortes com o ideal proletário de edificação de uma *sociedade nova*, sem dominação de raça e sem dominação de classe.

NEXOS DA CULTURA NEGRA*

O Sr. Presidente (Antônio Range Bandeira) – Desejamos agradecer ao Dr. Carlos Moura a atuação competente e combatente, e registrar a presença do senador Luiz Viana Filho. Podemos passar, então, aos debatedores. Ouviremos o mestre Florestan Fernandes.

O Sr. Florestan Fernandes – Não mereço ser o primeiro e há muitas virtudes em estar em último lugar. Realmente, tivemos três exposições diferentes e seria muito arriscado querer contrastar as contribuições que foram trazidas para cá. Acho que cada contribuição abriu uma perspectiva, revelou que nós, no Brasil, já avançamos muito na interpretação dos problemas fundamentais, na área das relações raciais. Tenho de agradecer ao meu colega Antonio Candido, o amigo mais querido de todos, a generosidade. Não gostaria de confrontar minhas opiniões com

---

* Debate na Constituinte publicado na *Revista do PMDB*. nº 12 – Encontro Brasil-África (Anticomemoração da Abolição) – novembro 1988, p. 26-32.

as dos expositores. Suas contribuições estão de pé e temos de refletir sobre elas.

Tinha suposto que nós, constituintes, íamos entrar no jogo de gato e rato, correndo para lá, vindo para cá, o ritmo das votações, com muito pouco tempo para falar. Por isso, pensei em fazer como Antonio Candido, propondo três questões (um número cabalístico), que merecem ser consideradas neste debate.

Lembro-me do meu tempo de estudante. Um dos livros que nos fascinou era de autoria de Ruth Benedict, que hoje nós chamaríamos de idealista, discípula de Boas, e uma mulher inteligente. Ela contrastava tipos, um tipo apolíneo e outro tipo dionisíaco. E nós, que tínhamos uma orientação mais ou menos "marxista", criticávamos os tipos, dizendo que os tipos existem no pensamento e não na realidade. Ela contrastava o tipo dionisíaco ao tipo apolíneo. O negro é, na maioria das culturas que foram transplantadas para o Brasil, em termos de ímpetos de autoafirmação, um dionisíaco. É um ser humano que ostenta uma grande alegria de viver. Basta assistir a uma entrada das escolas de samba do Rio de Janeiro na avenida, para se ter um ataque do coração: aquela explosão, algo que, culturalmente, nós poderíamos comparar com um vulcão. Gera uma emoção tremenda em quem assiste e até um certo pavor, porque é uma euforia que transcende os limites do equilíbrio do ser.

Portanto, o negro é dionisíaco. No entanto, ele foi sujeito a uma deformação sistemática, no Brasil, desde as suas origens. A escravidão reprimiu, deformou ou suprimiu várias esferas das culturas africanas. O senhor branco, por exemplo, proibia a comunicação em línguas africanas, porque, assim, era possível controlar o comportamento do negro: se ia haver conspirações, lutas etc. Porém, muitos dos aspectos mais importantes da cultura ficaram, exatamente porque eles passaram por manifestações lúdicas das culturas negras, entre elas as danças, a magia e a religião. Onde se via apenas a dança e a música, havia o rito, o mito e a religião. Com isso, a transplantação cultural maciça acabou sendo preservada e depois disseminada por todo o Brasil.

Uma pergunta que se pode fazer é como isso irrompe na literatura, na produção artística. Vemos, por exemplo, tomando Machado de Assis como ponto de referência, que o elemento dionisíaco está totalmente enjaulado. Contudo, ele não está ausente. Seria um equívoco pensar que Machado de Assis era um homem destituído do elemento dionisíaco. Porque é o elemento dionisíaco que lhe permite estabelecer uma ponte entre sua condição humana e o humor terrível, que cortava como uma navalha, e pelo qual ele via a personalidade do branco, a sua sociedade, as suas instituições e, ao mesmo tempo, punha em prática algo que ficou como um padrão cultural entre os negros: para o negro vencer, ele tem de suplantar o branco em seu próprio terreno. Nesse sentido, ele foi branco na aparência, o mais apolíneo dos brancos, embora sendo negro e sem perder o ímpeto do elemento dionisíaco. Então, há um balanceamento, sempre perdido de vista, como se Machado de Assis fosse uma espécie de eunuco, quando, na verdade, nunca o foi. Era um homem da sua época, um homem que refletiu criticamente sobre os problemas da cultura mundial, naquele momento, e que, inclusive, teve o papel de transferir para nós muito do que eclodia no momento intelectual no exterior.

Outro exemplo seria o famoso poeta Cruz e Souza. Vocês iriam dizer: aquele poeta do branco, um poeta que acha que a pureza é uma pureza que se afirma através de uma identidade que, destruída, acabou desaparecendo. O que fica nele é o superbranco. Ora, o que é o branco, na cabeça dele? É preciso pensar na repressão e na sublimação e o que esse branco traz de negro, de autoafirmação do negro, de uma poesia renovadora, criativa, inventiva, que marca todo um momento de nossa história literária. Enfim, há personalidades que são plenamente dionisíacas, que estão dentro das dimensões culturais da herança psicocultural que veio da África, em termos de temperamento, de cultura, de herança genética que o Gilberto Gil colocou em evidência. De um lado, temos o velho Gregório de Matos; de outro, o poeta pouco lembrado, Solano Trindade. Ninguém precisa falar de Gregório de Matos, da sua arrasadora ironia diante dos dilemas do branco, dentro da arapuca que ele criou por seus costumes insólitos. Pensemos em Solano Trindade. A sua poesia é uma poesia negra em todas as suas dimensões. A mais brasileira de todas. É uma poesia em que o negro diz que gosta da branca, gosta da negra, que revela o anseio pelo amor, das miscigenações raciais e até uma poesia desbocada, uma poesia que transgride os comportamentos libertários de bom-tom. Não obstante, é linda e sedutora. Ela é a expressão mais profunda do que o negro produziu no Brasil, em termos literários, e que encontra o contraponto naquilo que o Gilberto Gil indicou, em termos de folclore, que eu mencionei em termos das escolas de samba, arrebatando os corações das pessoas.

 Essa tipologia do dionisíaco e do apolíneo nos leva a um problema central, que é o problema do esmagamento do talento do negro. Antonio Candido mencionou muito bem o problema que, tecnicamente, descrevemos como de acefalização. É um conceito meio bárbaro, que os sociólogos empregaram para descrever o fato de que raças dominantes, classes dominantes, elites políticas dominantes decepam a cabeça daqueles que podem ameaçá-los, acefalizando um grupo oprimido.

O problema do negro é, no Brasil, o problema do aproveitamento construtivo, igualitário, libertário, democrático, e, diria, no sentido mais profundo do meu ardor revolucionário: socialista. O Brasil precisa tornar-se socialista para que as raças alcancem um padrão de democracia pelo qual elas se nivelem e o talento deixe de ser recrutado em termos não igualitários, em termos de concentração racial de renda, de cultura e de poder. O talento mais devastado e destruído no Brasil é o talento do negro. E isso é um fato que precisamos reconhecer para combater, porque é necessário criar compensações que abram caminho para destruir essa desigualdade medonha e que desfalca o Brasil daquilo que ele possui de mais valioso, que é o talento criativo e inventivo do ser humano.

O segundo problema, que queria levantar aqui, e que é um problema que só uma investigação sociológica me permitiu alcançar, é que até hoje – chamem-se os negros de "minoria" ou "maioria" – só eles conseguiram elaborar uma contraideologia. Os movimentos sociais de resistência, de rebelião, de contestação dos negros, que estudei em São Paulo, junto com o Prof. Roger Bastide, não desmascararam a sociedade brasileira, não só negaram a Abolição e afirmaram a utopia de uma Segunda Abolição, uma abolição que partisse da igualdade social, mas criaram a representação pelo avesso da ideologia racial do branco, da ideologia racial dominante.

No meu livro *A integração do negro na sociedade de classes* dedico poucas páginas a essa contraideologia. Mas ela é uma produção cultural do maior valor histórico e político. Ela mostra que um grupo de oprimidos, de pessoas marginalizadas, excluídas e reduzidas à miséria, e graças à dedicação de intelectuais negros e mulatos tidos como de segunda categoria, enfrentaram o preconceito e a discriminação, despontando a ideologia racial dominante e apresentando a sua versão própria de sua negação histórica. Havia um intelectual baiano, que lançou um germe criativo e, depois, uma ampla elaboração que veio de baixo para cima – de aspirações, de frustrações, de aspirações incompreendidas e repelidas pelos donos do poder. Essa contraideologia é um produto cultural que até hoje nunca foi posta em relevo em nenhuma história política e em nenhuma história cultural do Brasil. No entanto, é uma contraideologia vigorosa, que está sendo renovada agora, porque no momento se coloca o problema do racismo de forma explícita e contundente, em termos de confrontação, de contestação, que leva o negro a tomar o centro da vida política para dizer um "basta", e para buscar respostas nos partidos de esquerda, não só o PT. Todavia, o protesto ressoa dentro do PT como um dos movimentos mais fortes e intransigentes. Há uma reelaboração daquela contraideologia, um aprofundamento, uma reformulação, que vocês poderiam dizer: "Foi, até certo ponto, incentivada pelos sociólogos".

O sociólogo não cria a realidade; ele a estuda. Essa realidade se insere no comportamento cotidiano, no comportamento coletivo dos negros. E foi essa contraideologia que impeliu o negro a ter tanta firmeza na sua luta pela transformação da sociedade brasileira. Em um primeiro instante, como um campeão, aquilo que o branco dizia que era e não poderia ser. Era campeão do igualitarismo liberal. Na segunda etapa, em termos propriamente socialistas, negadores da ordem e vinculando raça e classe com vistas à eliminação do racismo. Aqui, estamos diante de um produto complexo e que merece que reflitamos sobre o que acontecerá no Brasil, se a nossa sociedade não for capaz de engendrar ritmos históricos rápidos de mudança social e de atender os oprimidos, que são excluídos e marginalizados.

Como estou avançando além do tempo que me foi destinado, vou encerrar esta parte e levantar uma terceira questão. Faço-o sem querer imitar Gilberto Freyre, porque ele sempre acabou traduzindo o problema da sociedade brasileira como uma equação linear, pela qual a solução dos problemas raciais brasileiros procederia do mestiçamento. Falando chulamente, passado e presente fluiriam em uma síntese: a solução viria da "pica", com fusão de portugueses e africanos – o mestiçamento desenvolveria a igualdade racial. O negro teria sido o elemento desagregador da família (e por conseguinte da sociedade) patriarcal. A miscigenação cumpriria, nesse sentido, a função de classificá-lo como mestiço em uma nova estrutura social. Antonio Candido é um especialista no estudo da família e pode nos dar uma lição sobre isso. Gilberto Freyre pinta um belo quadro idílico: ao desagregar a família patriarcal por dentro, o negro derrotou os costumes. A mulher escrava, seduzindo o senhor ou seu filho; o homem escravo, seduzindo as mulheres brancas ou suas filhas. Criaram-se, assim, grandes dilemas no plano das relações raciais e a miscigenação foi vista, em si mesma, como a matriz de uma nova ordem racial. Ora, o Antonio Candido demonstrou muito bem, em seu estudo: a miscigenação se processava na periferia da família patriarcal, não em seu núcleo. Portanto, ela não transmitia posição social. Como dizia Frei Vicente do Salvador, o português trouxe para cá dois preconceitos: um, era o preconceito de não ter mácula de trabalho mecânico; o outro, era o preconceito de não ter mácula de sangue, mistura de sangue. Isso quer dizer que a miscigenação não contribuía para criar classificação e muito menos igualdade racial. Ela não promovia a ascensão do mulato e do negro escravo, liberto ou livre. Quando isto acontecia, era por uma crise de consciência. O homem ou a mulher da camada senhorial, no leito de morte, reconheciam o filho ou a filha, e transmitiam-lhes a alforria e, por vezes, alguma herança. Uma vontade que nem sempre era obedecida pelos herdeiros e uma liberdade que podia ser cassada, porque os documentos estavam sujeitos a ser destruídos ou repudiados; e a vítima, homem ou mulher, reconduzida à escravidão. Outras reflexões poderiam ser agregadas a respeito da compra da liberdade. O fundamento mercantil da escravidão oferecia alternativas nessa direção e surgiram várias práticas de libertação dos escravos (assunto que foge a esta discussão). O importante é que o Brasil comprova uma descoberta geral de antropólogos, sociólogos e historiadores: a miscigenação não resolveu em nenhuma parte os problemas provocados pela estratificação racial, vinculados à escravidão moderna, à escravidão como instituição econômica.

No entanto, não podemos ignorar o que fica por trás das elaborações de Gilberto Freyre: é o amor. O professor Roger Bastide falava na dialética do amor, nas linhas de cor e seus complexos entrecruzamentos com o amor. Em nosso estudo em São Paulo conseguimos entrevistas muito interessantes, cujos resultados lamento não poder descrever aqui. Na verdade, apareciam referências irônicas e até desabonadoras ao modo pelo qual os brancos sabem fazer amor. Diziam eles: "O amor do branco é como a relação sexual do gado". A arte de agradar, a arte de fazer do amor uma forma de expressão, de refinamento, isto é, o amor como arte, essa é alguma coisa que tem muito a ver com a herança cultural africana e, também, de alguns povos que, mais tarde, trouxeram para cá técnicas refinadas de erotismo.

Essa afirmação do *eros*, essa defesa aberta de que o sexo é uma área essencial do ser, era uma rebelião contra os costumes e, principalmente, contra o catolicismo, porque recusava os *mores* cristãos. Se tomássemos Jorge Amado como ponto de referência, o segundo marido da dona Flor seria o representante prototípico do "sexo do gado". O português aparecia como o segundo marido da dona Flor, o farmacêutico, aquele que sabia apenas tirar o proveito pessoal do prazer.

Ora, entre os negros, encontramos, em São Paulo, várias manifestações que mostravam que o amor se faz com todo o corpo, se faz com as mãos, com os olhos, com os órgãos sexuais, com o contato, com a presença dentro de um ambiente; é um estado de espírito, uma comunhão e transcende tanto ao âmbito biológico da reprodução, quanto ao mundo do pecado: amar, cultivar as relações sexuais, não é pecado; ao contrário, é uma virtude suprema, um *dom dos deuses*. Isso é algo muito profundo. É algo que vem de uma liberdade interior muito grande e de uma compreensão da natureza humana muito sábia, que infelizmente não se incorporou, de maneira global e torrencial, em nossa cultura.

Ao sugerir essas reflexões, eu agradeço aos colegas a atenção, e desejo que este debate sobre a cultura chegue também àqueles pontos mais significativos, que dizem respeito à luta que o negro está travando, para alcançar o patamar de igualdade cultural, econômica e política, que já deveria ter conquistado, e que foi o tema da penetrante exposição de Carlos Moura.

O NEGRO*

O negro é marginalizado porque é pobre ou porque é negro?
Pelas duas coisas. São duas barreiras simultâneas. Uma, racial, e outra, econômica. Quando ele consegue vencer uma delas, a social, ele tem a racial. A barreira racial existe concomitantemente e em vários graus. Há grupos que discriminam, outros que não, variando também a intensidade, dependendo do grupo social, da formação cultural, de uma série de fatores.

Já havia nesses momentos citados uma preocupação com a cultura negra?
Ela surge até muito antes. Havia já algum trabalho feito, mas não nada parecido com o que há hoje, uma preocupação de identidade racial, cultural, tentativa de ir buscar na África essa identidade. Alguma coisa que surge nos Estados Unidos da década de 1950 e, no Brasil, com o

---
* Entrevista publicada no "Folhetim", *Folha de S.Paulo*, 13 de maio de 1979.

aparecimento de Estados africanos independentes e com representação aqui. Os indivíduos podem pensar na sua origem africana já em termos de minorias nacionais. Mas isso não tem tanta importância quanto a maneira pela qual a identidade com a África cai na consciência social: o negro é inteligente, esteticamente bonito e todos esses elementos reforçam o orgulho racial de uma maneira parecida com o que já aconteceu nos Estados Unidos. Parte, como um fenômeno de imitação; parte, como um fator do movimento de protesto.

Mas, ainda aí, a preocupação de não radicalizar. Mesmo entre os brancos culturalmente bem preparados, o preconceito era tão visível que o conceito de que o negro não tem direito de protestar ficou valendo como verdade. Na sociedade brasileira, o negro não poderia competir. A escravidão eliminava essa possibilidade. Quanto mais ele poderia alimentar um conflito. O conflito era privilégio, o uso da violência era privilégio de gente poderosa. Até o branco pobre não podia. Se usava, era tido como fora da lei. Dentro da lei, a violência era monopolizada pelos brancos dos estratos dominantes da sociedade. As décadas de 1930 e 1940 apresentavam uma resistência muito grande à competição. A ideia de ter um negro fazendo a mesma coisa de um branco era um tormento para o branco. Por isso, negavam trabalho para não haver igualdade racial.

O uso do conflito, então, estava fora de propósito. E há, aqui, uma coisa curiosa: nos Estados Unidos, com a discriminação feita às claras, foi permitida ao negro a possibilidade de competição, a liberdade de usar o conflito desde que não seja contra a ordem vigente. No Brasil, até hoje essa liberdade não é nada. E esse é um bom teste para avaliar se existe democracia racial. Pois se o negro não pode usar o conflito para eliminar os resíduos de desigualdade racial, não existe nenhuma democracia, com referência à raça. Com o negro acontece uma coisa parecida com o que aconteceu com o operário nesse regime. Está tudo muito bem, mas não pode fazer greve. O movimento geral sempre foi proscrito, o que levou ao fechamento da "Frente Negra", no período de Getúlio. Ela havia se registrado como partido e teve de encerrar suas atividades.

Como é que o sistema capitalista se aproveita do "sentimento de inferioridade" que o negro acaba assumindo, introjetando?
É uma coisa que já se estudou, embora a situação do Brasil seja específica. Como temos grandes parcelas de população pobre, e a oferta de trabalho é tão grande, há uma reserva de mão de obra imensa, tanto de brancos como de negros, compondo o exército industrial de reserva. Esses grandes contingentes de população não precisavam sofrer discriminação em qualquer segmento – racial, por exemplo – para atingir uma determinada parcela. Em termos de autodefesa do branco, a discriminação funcionava mais como barreira para a ascensão social do negro e mulato, para mantê-los nos limites subalternos. Em termos de competição racial, isso significava manter a distância econômica, cultural e política dos diferentes estoques raciais da população brasileira. Não podendo ter oportunidades de ascensão econômica, educacional, ocupacional, o negro ficava sem limites, inferior aos brancos, com oportunidades subalternas, o que todas as pesquisas feitas demonstraram.

Enfim, na sociedade brasileira não houve necessidade de utilizar o preconceito racial para aumentar o exército industrial de reserva. O preconceito e a discriminação foram utilizados para manter a supremacia da raça branca, embora o efeito seja o mesmo, pois bloqueava as oportunidades de emprego, educacionais e econômicas de ascensão do negro.

Uma política econômica que impeça até os brancos de ascender socialmente cria – indiretamente – uma igualdade de pobreza capaz de conduzir à identidade entre brancos e negros?

A mudança de modelo de desenvolvimento no Brasil criou uma nova área de industrialização maciça, deslocou populações de zonas rurais, de áreas menos adiantadas, para regiões mais desenvolvidas. E as populações negra e mulata também se deslocaram dentro dessas correntes migratórias e, através delas, se quebraram parte dos esquemas tradicionais, constituindo um fator de consciência social crítica. O tipo de rebelião negra que surge hoje é diferente; a consciência social também é diferente: a consciência de classe se transformou na medida em que o padrão de industrialização se alterou. Com o capitalismo monopolista nós temos um modelo de relação capitalista que envolve uma taxa de exploração da mais-valia relativa de tipo diferente, exigindo do operário uma capacidade de compreensão do conflito que ele não tinha antes.

Tudo o que está acontecendo hoje não está acontecendo por acaso. Primeiro, muda o padrão de relação capitalista para a superação da taxa de desenvolvimento relativo, para mudar, em seguida, a maneira pela qual o operário defende sua participação salarial, os conflitos etc. Há uma mudança de situação que se reflete naturalmente na composição dos movimentos negros. Quando os pesquisamos, era pequena a participação de socialistas, comunistas, anarquistas em seu meio. Hoje é possível encontrar muitos deles. Assim, na medida em que há uma mudança nas relações das classes entre si, tem de haver uma mudança na relação da raça com a classe. Você não pode pensar na raça independentemente da estrutura social. O protesto negro, que estava mais ligado à defesa da democracia burguesa, hoje objetiva a crítica dessa mesma democracia burguesa. Isso já é uma mudança substantiva.

Como pode surgir um partido dos negros no Brasil? Haveria possibilidade de esse partido ser absorvido pelo sistema?

Não acredito que exista um negro que pretenda a segregação. Não sei o que pensam os movimentos negros agora, mas no passado não havia isso. A ideia era ter os mesmos direitos que os brancos, dentro de uma situação de igualdade. Tenho a impressão que, hoje, a postura é a mesma. Qual é o sentido revolucionário de protesto que leva a separar negros e brancos? Qual a viabilidade de um partido criado apenas pela raça negra? Que poder de mobilização e atuação política dentro da sociedade brasileira eles terão? Para negros e mulatos inconformistas, revolucionários, é muito mais importante militar nos movimentos existentes e levar esses movimentos a se definirem diante do problema racial. Existe um problema racial na sociedade brasileira, e esse problema racial precisa ser resolvido. A solução não é fácil, pois a igualdade exigida pela situação dos negros e mulatos é ainda mais profunda do que a exigida pela diferença de classes, por causa desse elemento adicional ao qual nós nos referimos.

Seria mais difícil uma sociedade sem cor do que uma sociedade sem classes?
Você não pode eliminar a raça como você não pode eliminar a classe. Elas estão aí. E para que as duas possam interagir, a raça tem de ser absorvida pelo conflito de classe. Porque, se o negro e o mulato quiserem defender a sua posição em termos estritamente raciais, eles se segregam e não terão a mesma importância que eles teriam. Pois, veja bem, o negro e o mulato são fermentos revolucionários tremendos na sociedade brasileira, na medida em que eles não se segreguem, e levem o protesto racial para dentro da luta de classes. Mas se eles tiram esse conflito da luta geral, eles dão uma contribuição fantástica para as classes dominantes. Em termos de transformação da sociedade brasileira, o ideal é que esse impulso igualitário e democrático do negro atravesse as classes, e leve a movimentos sociais e políticos onde o negro passa a ser agente de radicalização dos processos, por causa de sua própria posição.

Veja bem, nos Estados Unidos, existe a segregação. Aqui, ela, como o preconceito, não é sistemática. Lá, o preconceito é formal, sistemático, existindo a segregação. Se o negro comprar um terreno num determinado lugar, ele desvaloriza aquela área e nenhum branco quer morar ali. Então, a segregação é visível. Aqui, a segregação é invisível. Você pode dizer: na década de 1930, num bairro como a Bela Vista, negros e brancos moravam lado a lado. Mas é que o negro morava no porão e o branco morava em cima.

É possível estimar a população negra e mulata do Brasil hoje?
Não. Até 1950, isso ainda era possível, porque as pessoas respondiam sobre sua cor nos recenseamentos. Quer dizer,

o entrevistado poderia dizer que era branco, preto, amarelo, a cor que ele achasse que era a sua. Depois, a questão foi retirada. Cortaram a pergunta como se, com isso, cortassem o problema.

Integrantes de movimentos negros colocam uma crítica séria aos grupos de esquerda, no Brasil, hoje. Esses grupos não aceitam, segundo os negros, as bandeiras das minorias raciais ou sexuais.

Bom, certamente isso é uma presunção. Afinal, os movimentos não estão aí. Onde você viu um partido socialista, um partido comunista funcionando abertamente, rejeitando pessoas que queiram se inscrever? Você não tem manifestações concretas dos conflitos sociais. Então, você não sabe se isso é verdadeiro. Eu tenho a impressão que os movimentos socialistas, comunistas, anarquistas, no Brasil de hoje, dificilmente seriam insensíveis aos problemas raciais como o foram no passado. Porque, no passado, havia aquela ideia de que, resolvidos os problemas sociais, estariam resolvidos os problemas raciais. Depois de todos os estudos que se fizeram, depois da própria população negra e mulata ter demonstrado uma grande sensibilidade (que não é homogênea), é muito pouco provável que qualquer movimento político não conservador se mostre alheio à questão racial.

Primeiro, constatou-se a concentração social, de riqueza, poder e prestígio. Depois, a consciência da concentração geográfica, o Sul em relação ao Norte e Nordeste. Agora, com o surgimento de movimentos mais aprofundados, há a consciência da concentração racial, no sentido de favorecer as minorias poderosas da raça hegemônica. Há uma raça hegemônica e dentro dela setores de classe que têm mais poder. O negro descobriu isso, o branco também, e os movimentos políticos radical-democráticos, socialistas, anarquistas, comunistas, todos eles têm de incluir isso no seu repertório de ação política. Se não fizerem isso, vão perder a capacidade de atrair negros e mulatos.

Eu acredito, como sociólogo e socialista, que não haverá mudança estrutural nenhuma, enquanto o negro não tiver uma presença ativa, constante e de massas na luta por igualdade racial. Se não, as alterações vão ser superficiais, concessões servindo não aos negros, mas aos interesses da sociedade global. E o negro deve trazer a esse processo de luta a sua experiência, a sua vivência, pois é o elemento que apresenta as exigências mais dramáticas. Eles sofreram a opressão durante tanto tempo, e de uma maneira tão intensa, que sua participação numa luta pela transformação da sociedade não é apenas necessária, é fundamental. Eles podem trazer para o combate político a sua experiência na luta contra todo tipo de opressão, discriminação e violência para redimir as injustiças todas perpetradas contra eles. Enfim, a luta racial tem de caminhar junto com a luta de classes. Separá-las, numa sociedade multirracial, é incorreto.

    Os negros e mulatos são um fantástico fermento revolucionário.

    Estimular a segregação é fazer o jogo das classes dominantes.

AS RELAÇÕES RACIAIS EM SÃO PAULO REEXAMINADAS[*]

1 – Não podemos apanhar a nossa investigação como um projeto típico de "pesquisa de relações raciais" à la norte-americana. A nossa tentativa buscava *render conta de uma realidade histórica*. Isso envolvia:

1º) uma compreensão das relações recíprocas entre passado, presente e futuro [passado ⇄ presente ⇄ futuro], o que obriga a combinar pesquisa de campo com pesquisa de reconstrução histórica, através de um foco de referência que permitia partir das percepções e explicações cognitivas dos sujeitos com os anseios de transformação da realidade (por exemplo, associação da observação participante ao estudo de caso da *lei Afonso Arinos*). Portanto, o alvo cognitivo maior não era reproduzir as situações grupais como "situações de

---

[*] In: R. Moras von Simon (org.), *Revisitando a terra de contrastes:* A atualidade da obra de Roger Bastide. São Paulo: Centro de Estudos Rurais e Urbanos, FFLCH, 1984, p. 13-19. Aqui foi transcrito o roteiro da exposição (não o texto oral da exposição, que, infelizmente, não foi redigido).

laboratório". Ele consistia em reproduzir o concreto a partir das experiências dos agentes das experiências humanas observadas;

2º) uma abordagem interdisciplinar que tinha como premissa a fusão de *micro* e *macro*, economia, personalidade, cultura e sociedade, compreendidas em suas relações recíprocas (o que exigia que explicações históricas, econômicas, sociológicas, psicológicas e antropológicas fossem exploradas simultaneamente, embora convertendo-se o ponto de vista sociológico em foco de unificação conceitual e de definição dos problemas básicos). Tal abordagem permitiu passar da desagregação da sociedade escravista à formação da sociedade de classes através de contradições que marcavam continuidades e descontinuidades no modo de produção, na organização da vida social e nos dinamismos da cultura, ressaltando-se objetivamente como distância social entre raças, desigualdades raciais, preconceito de cor e discriminação, em vez de desaparecerem, com a crise do padrão assimétrico de relação racial, foram reabsorvidos e redefinidos sob a égide do trabalho livre e das novas condições histórico-sociais. O mundo mental do negro e do mulato, esfera para cuja análise R. Bastide estava tão preparado, graças aos seus estudos anteriores sobre a poesia negra, o candomblé e a macumba, a psicanálise dos sonhos e o estudo dialético das linhas de cor na competição religiosa, sexual e amorosa, não é "descoberto" como um produto da síntese empírica. Ele surge como uma totalidade apreendida preliminarmente, que lança uma nova luz sobre as relações raciais cooperativas, competitivas e de conflito na sociedade brasileira.

Na verdade, os que hoje nos fazem a crítica de que ignoramos a "dimensão cultural" não levam em conta a amplitude, as implicações e o significado dessa abordagem, possível em grande parte graças à experiência de Bastide – suas pesquisas sobre a transplantação, a reelaboração e transculturação das religiões africanas. A "dimensão cultural" não aparece como um *dado externo*, uma "coisa palpável" e empiricamente contingente. Porém, como um "modo de ser": o negro como *pessoa*, sujeito de si mesmo e de uma história que foi negada, mas que, não obstante, transcorreu como ação dos oprimidos (daí a importância da passagem da condição de vítima passiva para a de agente do movimento negro, da frustração subjetiva para a rebelião e a "Segunda Abolição"). Desse ângulo, o aparecimento do regime de classes confere aos negros e mulatos novos papéis históricos e sua atuação coletiva assinala sua presença na construção da civilização emergente (não importa se esses papéis tenham sido bloqueados pela sociedade inclusiva e se dissiparam sem deixar as marcas históricas do inconformismo negro).

2 – A nossa pesquisa foi o produto de um acaso. A. Métraux trouxe-nos o programa da Unesco para o Brasil, nascido de uma hipótese infundada (a de que o Brasil constituía uma situação negativa, da perspectiva da manifestação do preconceito e da discriminação raciais, por sua vez extraída de um artigo de D. Pierson). Roger Bastide foi convidado para ser o encarregado da parte sociológica do projeto sobre São Paulo (outros desdobramentos: dois estudos de psicologia, atribuídos a Aniela M. Giensberg e a Virgínia Bicudo; uma sondagem sociológica sobre uma comunidade rural do Estado de São Paulo; graças a Oracy Nogueira, a escolha recaiu sobre ltapetininga, que ele estava estudando). Bastide recusou, pois estava ocupado de modo absorvente na preparação e redação de sua tese de doutora-

mento. Sugeriu que D. Pierson fosse convidado; este anuiu, porém desinteressou-se quando descobriu que a Unesco não alocara fundos suficientes para a realização de uma pesquisa de envergadura (cada desdobramento do projeto ficara com mil dólares; a nossa dotação foi direta a Lucila Herrmann e Renato Jardim Moreira, nossos colaboradores de pesquisa, que receberam quinhentos dólares cada um. A pesquisa, em suma, se fez de graça. O que é uma ironia, já que ela foi projetada e desenvolvida como uma das pesquisas mais complexas até então efetuadas entre nós... Paulo Duarte logrou obter um financiamento de oitenta contos da reitoria da USP, mas esse dinheiro foi aplicado no financiamento da publicação do nosso trabalho na revista *Anhembi* e do grosso volume que continha todos os resultados da investigação). Métraux compeliu R. Bastide a aceitar o encargo e este, por sua vez, induziu-me a entrar com ele na grande aventura, o que aceitei de maneira relutante. Esse acaso se revelaria, em seguida, a coisa mais importante que aconteceu em minha vida de sociólogo profissional e de militante socialista.

Existiam divergências entre Bastide e eu na forma de encarar a situação concreta do negro. Eu coligira, para ele, alguns estudos de personalidade em 1941 e fizera, para o professor Emílio Willems, um levantamento sobre certas formas de discriminação em Sorocaba, em 1942. Principalmente, como criança de origem *lumpen*, vivi em porões e cortiços de vários bairros (principalmente na Bela Vista) e começara a trabalhar com pouco mais de 6 anos. Os negros eram companheiros de privações e misérias; eu podia manejar a "perspectiva do oprimido" e, por aí, desmascarar a hipocrisia reinante sobre o assunto. O professor Bastide, por suas investigações, compartilhava de muitas das minhas convicções; mas, rejeitava outras, em particular porque preferia os meios-tons, aquilo que se poderia chamar de "verdade redentora", aparente no perdão mútuo, no esquecimento, a superação pelo negro das "injustiças" (ele evitava converter a descrição em julgamento; os dois capítulos que escreveu para *Negros e brancos em São Paulo* demonstram que o apego estrito à objetividade científica ia a par com o nuançamento dos elementos chocantes, com uma dialética proudhoniana, que exibia o mal sem ignorar o bem, ou o mau sem desdenhar o bom). Achei que seria fecundo colocar em suspenso as diferenças, através de um projeto de pesquisa que firmasse certas hipóteses diretrizes fundamentais. Ele concordou. Redigi o projeto, que foi submetido à sua crítica. Ele só alterou algumas passagens sobre Pierson, atenuadas ou omitidas, que eu havia utilizado deliberadamente como uma espécie de *straw man*, ressaltando assim as ambiguidades e inconsistências que deveríamos evitar (ou controlar) em uma investigação comprometida com o próprio negro.

Não é o caso de repetir aqui o que foi o desenrolar da pesquisa. Graças ao prestígio de Bastide na comunidade negra, contamos com uma maciça colaboração de negros e mulatos de várias categorias sociais e das diferentes gerações em contato. A primeira reunião foi celebrada na Biblioteca Pública Municipal, com uma massa notável de ouvintes e participantes. As demais foram realizadas no auditório da Faculdade de Filosofia, Ciências e Letras da USP. Tínhamos a intenção de coligir documentos pessoais, elaborados pelos próprios sujeitos. O nível médio de escolaridade e de maturidade intelectual mostrou que só alguns sujeitos estavam em condições de nos proporcionar os materiais desejados. Isso nos obrigou a uma tática rica de investigação. Substituímos o documento pessoal (mantido para um número pequeno de sujeitos) pela observação participante em situação grupal (o que aumentou o interesse daquelas reuniões e dos materiais estenográficos resultantes). E logo empreendemos reuniões paralelas com as mulheres (que se revelaram mais maduras que os homens na percepção da realidade ambiente) e com os intelectuais negros (que se tornaram também pesquisadores, elaborando estudos de casos especiais). Assim, tínhamos a grande reunião formal, de mês em mês; o seminário com as mulheres (de quinze em quinze dias) e o seminário com os intelectuais (todos os sábados, em uma associação cultural negra localizada na rua Formosa). A bateria de materiais era completada pelo recurso ao questionário, aplicado por estudantes; por entrevistas formais e informais (eventualmente, com sujeitos recrutados naquelas três situações); e pela observação direta de situações concretas e estudos de caso (sobre personalidades negras e mulatas; cortiços, bairros etc.). Os brancos e as barreiras raciais foram focalizados por recursos proporcionados por essas técnicas de investigação e pela colaboração de estudantes mais avançados na elaboração de estudos de caso (famílias tradicionais, empresas de grande e médio porte, serviços de seleção de pessoal etc). A reconstrução histórica ficou sob meu encargo, com a colaboração de Renato Jardim Moreira; uma importante sondagem quantitativa sobre incongruências de atitudes e valores na esfera das relações raciais foi conduzida por Roger Bastide, com a colaboração de Lucila Herrmann. Os materiais referentes à lei Afonso Arinos, por sua vez, além de uma coleta paralela de opiniões e reações espontâneas, foram arrolados através de uma sequência de debates.

3 – A elaboração dos resultados da investigação: este não seria o lugar para discutir o desenvolvimento da pesquisa e a forma de aproveitamento das conclusões a que chegamos. Houve um lapso grave no circuito. Dado o caráter da comunicação existente entre os pesquisadores e os pesquisados, seria normal incluir uma série de reuniões para examinar com os interessados aquelas conclusões. No entanto, a Unesco tinha pressa em receber o relatório final, que, devido ao nosso complicado esquema de trabalho, acabou sendo entregue depois do prazo estipulado. Ainda assim, o nosso estudo foi reproduzido por *Anhembi* em 1953 (dos números 30 a 34 desse ano) e transcrito no volume global,* publicado em 1955. Em seguida, em exposições ocasionais, minhas ou de Bastide, os principais sujeitos-colaboradores da pesquisa tiveram oportunidade de tomar conhecimento dos resultados, de discuti-los conosco e de endossá-los com certo entusiasmo.

O primeiro trabalho, *Relações raciais entre negros e brancos em São Paulo*, teve a sua terceira edição em 1959, pela Companhia Editora Nacional; nós a consideramos como sendo a segunda edição revista e ampliada [no volume também foi incluído o

---

* Por lapso editorial (devido provavelmente ao desejo de Paulo Duarte de salientar o trabalho de R. Bastide e F. Fernandes), o volume coletivo saiu com o título da primeira monografia! Além disso, os créditos de uma edição cooperativa não foram incorporados à página de rosto e um dos estudos arrolados no índice (publicado anteriormente pela revista *Anhembi*) deixou de ser transcrito. Tudo isso não impede que aquela publicação *omnibus* tenha uma grande importância na bibliografia brasileira sobre relações raciais. E levanta o problema que continua a cegar alguns leitores especializados: eles não entendem que "relações raciais" não são somente uma especialidade, tal como foi cultivada nos Estados Unidos, e que havia um propósito amplo de estudar todos os aspectos de uma formação social (a sociedade brasileira de classes, como ela surge e se transforma em São Paulo através da urbanização, da industrialização e da incorporação do negro ao sistema de trabalho livre).

projeto de pesquisa de 1951 (p. 321-358)] e o artigo de Roger Bastide e Pierre Van den Bergue, "Estereótipos, normas e comportamento inter-racial em São Paulo" (p. 359-371). A ele se seguiram outros trabalhos conhecidos da bibliografia de Roger Bastide: "Sociologie du Brésil" e "La Rencontre des Hommes", primeira parte de *Le Proche et le Lointain*; e minha: *A integração do negro na sociedade de classes, O negro no mundo dos brancos* e a primeira parte de *Circuito fechado*. Alguns materiais, destinados ao estudo da personalidade, por exemplo, não foram reexplorados.

Esse arrolamento indica por si mesmo as ricas consequências da investigação. Mas ela suscita duas reflexões deveras importantes. Ela está na raiz de uma nova visão da formação e transformação da sociedade brasileira *moderna*; e, de outro lado, serve de prova da *veracidade* da visão do negro sobre sua condição humana e da realidade racial brasileira. A sociedade paulistana ficará surda e muda à emergência do movimento de protesto negro. No entanto, a pesquisa sociológica demonstrava que o oprimido e excluído é quem tinha razão, malgrado permanecesse ausente da "história oficial". Não que se endossasse, pura e simplesmente, o modo de perceber e de explicar a realidade racial do negro e do mulato. As elaborações perceptivas e cognitivas – das mais elementares às mais complexas e literárias ou políticas – do movimento negro serviram como ponto de partida e fio condutor. Elas foram ampliadas, verificadas empiricamente e testadas interpretativamente, aprofundadas e incorporadas ao horizonte cultural da explicação sociológica. Não foram, só por isso, reduzidas e entendidas como ideologia. Mas sim projetadas no âmbito de comportamentos coletivos nos quais o saber do negro sobre si mesmo era também um saber sobre o branco, a sociedade inclusiva e a necessidade histórica de sua transformação. A experiência amarga, o ressentimento e a dor transpareciam, agora, como conhecimento maduro e comprovável, que convertia a *nova abolição* em uma projeção utópica de revolução racial dentro da ordem estabelecida, pela qual a contraideologia do "negro revoltado" e o papel histórico do negro como "paladino da liberdade" e da *democracia racial* se concretizavam como dinamismos históricos libertários. No limite, uma evidência da tentativa de "fazer" e de "mudar" a história do brasileiro de origem mais humilde e espoliada, que foi solapada e por fim derrotada sem visibilidade e sem dramaticidade, pelo que foi, na expressão de suas vítimas, o terrível "emparedamento do negro" na maior e mais importante cidade brasileira nas décadas de 1930, 1940 e 1950.

4 – As reações à pesquisa: de imediato, fomos considerados "tendenciosos" e responsáveis pela "deformação da verdade" em vários níveis da sociedade circundante. Houve, mesmo, uma ocorrência típica. O diretor de uma escola de sociologia que afirmou publicamente que Bastide e eu estávamos introduzindo "o problema" no Brasil! A comunidade negra, por sua vez, exagerou a importância de nossa contribuição. Estava maravilhada com o fato de termos rompido aquele isolamento psicossocial e histórico, feito dele uma arma da razão e da crítica. Principalmente, ficaram encantados com o fato de suas "lutas" terem encontrado resposta e confirmação. Parecia-lhes que a sociologia lhes abria uma "ponta de justiça", acenando com a perspectiva de que, aquilo que não se convertera em história, poderia vir ir a sê-lo no futuro próximo. Fomos cuidadosos. Não tentamos indicar a falta de correlação entre a reação coletiva do negro e a

gravidade do dilema racial na sociedade brasileira. De que adiantaria esse exercício literário? Bastara-nos indicar que a integração nas escolas começava *outra história*, porque conferia ao negro a possibilidade de acesso a uma forma mais eficiente de conflito aberto e de luta contra uma ordem racial iníqua. As transformações da sociedade logo iriam demonstrar o acerto de nossos procedimentos e dos prognósticos implícitos ou explícitos (como no último ensaio do livro *O negro no mundo dos brancos*). O *problema negro* se tornou, ao mesmo tempo, mais claro, mais grave e mais carregado de tensões emancipadoras. As avenidas da ascensão social abriram ao *novo negro* os canais competitivos e egoísticos da luta por posições e prestígio – afastando-o do mundo dos negros mas, por isso mesmo, convertendo-o em complicador de todos os cálculos fundados na etiqueta tradicional e no jogo de "manter o negro em seu lugar". De outro lado, o advento do capitalismo monopolista subverteu a história burguesa e, por aí, as acomodações raciais, desequilibrando os paralelismos estáticos entre "classe" e "raça". O "radicalismo negro" assume nova feição. O negro revoltado não se volta contra a superfície das coisas. Não se contenta em ser o campeão da liberdade e, por assim dizer, o branco visto sem as máscaras. Ele quer levar, agora, a subversão ao fundo da sociedade, fazer o contrário dos grandes líderes das décadas de 1930 e 1940: fundir os "ismos", injetar neles afro-brasilidade, imprimindo ao movimento negro uma radicalidade revolucionária.

Neste novo contexto, alguns nos confundiram com o que nunca fomos – inclusive chamaram-nos de "paternalistas". Não se entendeu que a explicação sociológica objetiva, crítica e militante soldava dois momentos do próprio movimento negro e que nós não tínhamos outro papel senão esse, de servir de ponte entre as gerações que desencadearam o primeiro protesto negro e as que erguem, no presente, as bandeiras da liberdade maior no "meio negro". Hoje o próprio negro prescinde do elo que foi necessário há três décadas. Nem por isso havia um "paternalismo" antes ou uma ambiguidade hoje. Tivemos a coragem de nos solidarizar com a rebelião que não foi entendida e correspondida pela sociedade global. Explicamos o que ela queria dizer e nos pusemos a seu lado. Nos dias que correm, naturalmente, temos de avançar na mesma direção, para acompanhar o negro como agente de sua própria emancipação humana. As relações entre raça e classe se subverteram. Marcamos, à medida que pudemos fazer, as várias etapas desse salto histórico maravilhoso. O que está em questão não é a *REDENÇÃO* do negro (uma palavra que evoca o grande campeão da luta abolicionista em São Paulo, Antônio Bento). É a redenção do homem. É por aqui que devemos apanhar a grandeza intelectual de Roger Bastide e homenageá-lo como merece, situando-o como o grande mestre que foi e o modelo de ser humano puro e íntegro, que via na sociologia um meio de ligar melhor os homens entre si, acima de suas diferenças e no centro de sua humanidade civilizada e civilizadora.

APÊNDICE

HOMENAGEM A JOSÉ CORREIA LEITE*

Sr. Presidente, Sras. e Srs. Deputados: Em nome do Partido dos Trabalhadores, desejo fazer aqui uma homenagem à memória de José Correia Leite, homem de origem humilde, batalhador negro, que foi um dos pioneiros dos movimentos sociais que se organizaram em São Paulo para desmascarar a situação em que ali viviam negros e mulatos.

José Correia Leite, juntamente com Jayme Aguiar, Arlindo Veiga dos Santos, Raul Joviano do Amaral e muitos outros, representando várias tendências do Movimento Negro, fundaram um jornal muito importante chamado *Clarim da Alvorada*, que tocou para o Brasil o sinal de que os negros, em São Paulo, desejavam a Segunda Abolição.

José Correia Leite era modesto, mas realizou a tarefa intelectual e política de um grande homem, aliás, de um grande homem em escala nacional, como muitos outros, que

---

* Proferido na Câmara dos Deputados, em 20 de março de 1989.

se perdem na plebe por falta de oportunidades educacionais, intelectuais, econômicas e políticas.

No fim da vida, dedicou-se à cultura, tomando-se desenhista e pintor. Alcançou certo êxito. Sua presença é marcante, como líder intelectual, íntegro, que soube imprimir aos anseios de uma categoria social oprimida os desejos de autoafirmação democrática.

Na verdade, os movimentos negros de protesto, nas décadas de 1930, 1940 e 1950, eram movimentos de paladinos, que assumiam o papel que os brancos deveriam desempenhar, na defesa da Constituição, do princípio da liberdade e da igualdade social entre todos os seres humanos no Brasil. Como os brancos não assumiam esse papel, eles próprios se tornaram os agentes de um processo de liberação coletiva, que não visava a aguçar conflitos, mas a erguer o padrão de dignidade moral de todos aqueles que foram enxotados do sistema de trabalho com a Abolição.

A vida do negro, em São Paulo, desde 1888, tornou-se medonha. Como pesquisador, ao trabalhar com os dados recolhidos sobre esse período, tive muitas vezes de parar meu trabalho para chorar, porque não era possível aceitar as realidades descritas naquela documentação, sem forte reação emocional e sem revolta moral.

Demonstrou José Correia Leite um grande equilíbrio e, ao mesmo tempo, desempenhou um papel construtivo, elaborando uma ideologia que, em termos sociológicos, chamaríamos de contraideologia, pois se opõe à ideologia mistificadora da raça dominante, uma contraideologia racial, pela qual os negros pretendiam adquirir a condição plena de cidadãos, de homens livres, emancipados, não oprimidos e capazes de contribuir para o desenvolvimento econômico, cultural e político do Brasil de uma maneira mais fecunda.

A homenagem do PT a este grande homem, que morreu deixando aos negros de São Paulo e do Brasil e a todos os cidadãos brasileiros um exemplo de dignidade intelectual e política, se impõe como um dever político primordial.

Era o que tinha a dizer.

CONSCIÊNCIA NEGRA E TRANSFORMAÇÃO DA REALIDADE*

Introdução
O presente folheto originou-se de uma iniciativa do Prof. Edson Lopes Cardoso, chefe de gabinete e meu principal colaborador. Vacilei em aceitar a ideia. Pensando melhor, logo constatei que ele tinha razão. Em suas páginas encontram-se uma das razões da atividade parlamentar que prometi ao MNU** e a outros setores da comunidade negra de São Paulo, das quais tive forte apoio nas duas eleições a que concorri. A subalternização dos pobres e oprimidos é uma triste realidade. De um extremo a outro da história do Brasil, essa realidade sofreu desgastes, pela resistência ativa ou passiva de suas vítimas ou graças a expoentes da "raça" dominante, que se empenharam em desagregar a escravidão e em cooperar

---

* Pronunciamento e emenda constitucional do Deputado Florestan Fernandes, abordando as 5 desigualdades raciais e a consciência negra. Centro de Documentação e Informação Coordenação de Publicações. Brasília, 1994.
** N.E.: Movimento Negro Unificado.

com os de baixo na construção de uma sociedade de classes multirracial nova. Todos esses esforços desembocaram na inércia das elites. Atilados no jogo político, eles sempre souberam incorporar as mudanças inovadoras em seu arraigado conservantismo econômico, social, racial, cultural e político. Nasceu, assim, um Frankenstein, que certos antropólogos designaram como "mudança conservadora".

Hoje estamos distantes das épocas históricas, nas quais as elites exerciam um despotismo monolítico. As alterações fundamentais, pelas quais sempre pugnaram os pobres e os humildes, se caracterizaram por conta-gotas e se dissiparam na torrente histórica. Mas o "Não!" dos de baixo tornou-se, crescentemente, mais aterrador para as classes (e raças) dominantes, que temem perder o monopólio da riqueza, da cultura e do poder.

Os negros, logo em seguida à abolição, salientaram-se como pioneiros dos confrontos sociais decisivos. Foram os primeiros a organizar-se em movimentos sociais, em cidades como São Paulo e o Rio de Janeiro, e a brandirem contra o preconceito racial encoberto as armas de que dispunham para conquistar a "condição de gente" e a plenitude da cidadania efetiva. De 1930 em diante, por exemplo, mantiveram jornais e publicaram livros de alta seriedade, que denunciavam a situação do negro e desmascaravam a inobservância das leis no que lhes dizia respeito. Foram, nesse sentido, "paladinos da Constituição", invertendo a "defesa da ordem" de cabeça para baixo. Essas manifestações orgânicas foram esmagadas pelo Estado Novo e proibidas, mais tarde, sob a ditadura militar, como "risco de explosão social" e "questão de polícia".

As pressões de cima para baixo não "amaciaram" o protesto negro. Ele se difundiu por toda a sociedade brasileira e tomou um caráter mais incisivo, como sugere a ação do MNU. Os negros de nossos dias repudiam o papel ambíguo de "paladinos das leis". Querem leis que modifiquem as relações raciais, a estigmatização degradante da "raça negra", exterminem o racismo dissimulado e o genocídio invisível que os perseguem incansavelmente, malgrado a proteção constitucional. E querem, acima de tudo, que a sociedade se abra para eles na extensão do opróbrio, da fome, do desemprego, das barreiras desiguais que pesam sobre a educação, o aproveitamento dos talentos e a seleção profissional igualitária. Abominam a acefalização dos movimentos sociais pelo aproveitamento ocasional do "negro de alma branca", que sobe socialmente e se converte em um fetiche – o negro que serve de símbolo de uma "democracia racial inexistente" e constitui a exceção à regra.

O fato central indiscutível, que se pode inferir cientificamente, é que tais circunstâncias colocam o negro na perspectiva histórica de pedra de toque da democracia. Nunca haverá democracia no Brasil nem será possível a existência de uma república democrática enquanto persistir a desigualdade racial e a discriminação dos negros. Trata-se de uma liberação às avessas: o antigo escravo carrega consigo a solução do dilema número um do Brasil, pois de sua autoemancipação coletiva depende a autoridade legítima e o próprio destino das antigas camadas senhoriais, dos seus descendentes e sucessores desenraizados da sociedade escravocrata. Voltamos à dialética do senhor e do escravo, apontada por Hegel. Ou ambos serão livres, ou a liberdade de um forjará a sujeição do outro, bloqueando o advento da democracia como estilo de vida.

Reflexões como essas conduziram-me à publicação dos escritos coligidos neste folheto. O parlamentar se defronta com obrigações éticas e políticas nesse assunto. Ele poderá estimular a convergência de processos que exigem imaginação política, e se enfileirar entre os que trabalham por uma verdadeira democracia racial, ou acabará empurrado pelo ímpeto inexorável das mudanças radicais impulsionadas pela indignação das vítimas de convenções e veleidades que atravessaram séculos, mas perderam qualquer sentido.

Brasília, 23 de novembro de 1994.

Florestan Fernandes

Pronunciamento em 22/11/1994

O Sr. Florestan Fernandes (PT-SP) – Sr. Presidente, Sras. e Srs. Deputados, como o meu colega Deputado Alcides Modesto acabou de falar, são bem-vindas todas as manifestações de solidariedade aos negros acontecidas nesses dias. Elas giram em torno dos problemas abordados pelos movimentos sociais e traduzem a situação em que se encontra o negro no Brasil.

Construtor da grandeza da Nação, segundo aqueles que estudaram a escravidão e mostraram suas conexões com a cumulação do capital comercial e depois com o desenvolvimento capitalista, o negro depois foi relegado ao seu próprio destino.

Enquanto havia insegurança a respeito da mão de obra, se o Brasil teria ou não outros meios para manter as atividades econômicas, principalmente realizadas no campo, na sexta década do século XIX ocorreram várias manifestações da intelectualidade branca no sentido de estudar a transformação do negro escravo em trabalhador livre. Entretanto, com a descoberta de que a imigração proporcionava uma mão de obra comparativamente até mais barata do que o custo da manutenção do escravo, os brancos viraram as costas para os problemas dos negros como se eles fizessem parte de uma Nação separada do Brasil.

Esse distanciamento se manifestou tanto no Estado de São Paulo, no qual a participação do negro gira em torno de 10%, quanto na Bahia, onde, segundo estatísticas de 1940, a população negra e mestiça alcança a cifra de 70%. Portanto, trata-se de uma maioria.

Não há sentido falar-se em minoria ou maioria negra, mas em cidadão negro, despojado de sua pessoa, da sua humanidade, reduzido à escravidão e, mais tarde, lançado à penúria extrema, como aconteceu em São Paulo.

Tive a oportunidade de estudar esse assunto. E no capítulo II do livro *A integração do negro na sociedade de classes* – livro em dois volumes – analiso a odisseia percorrida pelo negro naquele período trágico, nefando, que vai da escravidão e chega até a fímbria dos nossos dias.

A Constituição de 1988 acolheu proposta no sentido de punir, criminalizar as manifestações de preconceito racial, de discriminação racial, mas isso não passa de literatura. Nossa Carta Magna só vale para um setor muito limitado, que tem o poder de fazer o que quer e a usa apenas como referência e como fundamento "legal" – entre aspas – de suas operações financeiras nos planos interno e externo.

A mim me preocupa principalmente a data de 20 de novembro. Vinte de novembro é a data que os movimentos negros mais capacitados para a luta cívica escolheram como a da consciência crítica, como a da consciência racial do negro. Essa consciência negra tem de ser necessariamente diferenciada, porque se volta para uma situação na qual a miséria e a exploração são disfarçadas sob o manto da pobreza e da tolerância. E, ao falar em pobreza, pode-se perguntar: para que a tolerância? Essa tolerância é hipócrita. E o fato de terem escolhido o conceito de consciência negra significa que não pretendem apenas uma consciência crítica, e tampouco querem chegar à consciência civil, que foi o baluarte das lutas que os negros travaram em São Paulo de 1930 até o advento da ditadura Vargas. Posteriormente, ocorreram mudanças. Antes, o negro se apresentava como o advogado das leis no país, como aquele que exigia que a legislação não fosse posta em prática de forma desigual e desumana.

Portanto, trata-se de uma consciência que os psicólogos e sociólogos chamariam de diferenciada, porque ela é diferente da consciência indígena, da consciência daqueles pobres que não carregam a marca visível da estigmatização negra. E ela traduz a disposição do negro de ser ele próprio e não o branco o autor de sua autoemancipação coletiva. Os negros não podem esperar de uma sociedade como a nossa que ela se abra para seus problemas fundamentais. Ele próprio tem de tomar consciência dos problemas que atingem os vários setores da população negra, de formas diferentes de estado para estado, de acordo com peculiaridades regionais da formação dessas localidades.

Mas o problema básico geral é o mesmo. A igualdade e a liberdade não são atributos apenas dos privilegiados. A Constituição não institui esses princípios para uma categoria restrita de pessoas, mas para todos os cidadãos brasileiros. Entendo que está em jogo a cidadania do negro, como também a do indígena e de todos aqueles que são explorados, excluídos, humilhados e ofendidos.

Esta é uma tribuna de luta. A Câmara dos Deputados não pode se divorciar de uma data como essa e do seu significado para os diversos movimentos negros, principalmente para o grande Movimento Negro brasileiro, que tem dado uma contribuição única na afirmação do negro por seus direitos e pelas condições de vida na sociedade brasileira: a conquista da educação, do emprego, da habitação e o combate à miséria. Tudo isso é elementar, tudo isso faz parte daqueles requisitos sem os quais não existe vida humana. E o que o negro quer é vida humana civilizada, sem barbárie, que não crie vítimas nas várias formas de preconceitos que praticam o avesso de tudo aquilo que constitui a mitologia da democracia racial brasileira.

Sr. Presidente, agradeço a atenção de V. Exª pela dilatação do prazo nesta tribuna e também a todos os colegas que prestaram atenção nas palavras que disse aqui, com todo o empenho do meu ser e da minha vontade. Não se trata de gritar: negro, uni-vos! Trata-se de dizer que o negro, como membro de classe, como membro da raça, precisa dispor na sociedade brasileira de um espaço intelectual para se desenvolver e para ter os seus talentos aprovados e chegar ao lugar de vultos como Machado de Assis, o maior intelectual brasileiro. Vejam bem a incongruência dos fatos: o maior intelectual brasileiro é um negro, de origem humilde, mas que nos honra com o legado, não só à literatura brasileira, à literatura hispano-americana, mas à literatura mundial.

Era o que eu tinha a dizer a V.Exª, Sr. Presidente, e a todos os colegas.

Emenda constitucional

TÍTULO VIII
Da Ordem Social
CAPÍTULO IX
Dos Negros

Art... São compreendidos como negros os indivíduos e cidadãos que se consideram como tal e os que, por estigmatização, são tratados "como negros" e "pessoas de cor".

§ 1º Portadores de uma herança cultural rica e variável, veem-se privados de seus padrões, instituições e valores sociais por pressão fragmentadora do ambiente. É direito dos negros e dever do Estado proteger essa vasta herança cultural em seu sentido histórico e em sua função diferenciadora das comunidades negras.

§ 2º Eles são proprietários de faixas descontínuas de terra, com frequência incorporadas às "fronteiras em expansão", expropriadas por vizinhos ricos e poderosos. Os governos da União, dos Estados, do Distrito Federal e dos Municípios procederão a um esforço convergente planificado para garantir suas posses territoriais e a exploração de suas riquezas.

§ 3º Como os mais desiguais em convívio direto com os brancos e populações ricas, são lançados à marginalidade, excluídos do mercado de trabalho sem condições competitivas e bloqueados em suas tentativas de ascensão social e conquista da cidadania. Os governos da União, dos Estados, do Distrito Federal e dos Municípios desenvolverão planos ostensivos para conferir às populações negras meios para corrigir essa situação intolerável e, especialmente, para difundir entre si a cidadania ativa.

§ 4º As famílias negras e seus membros enfrentam dificuldades econômicas, culturais e políticas arraigadas para organizar-se em bases institucionais estáveis de modo a proteger os homens, as mulheres e os menores da privação econômica, do desemprego, da pobreza, do alcoolismo, do crime, da mendicância e de outros efeitos desintegradores determinados pelo racismo. Serão feitos esforços especiais para sanar esses problemas e dilemas sociais através de instituições dotadas de recursos humanos e de meios financeiros que sanem tais entraves à humanização da pessoa.

§ 5º A escravidão e a subalternização extrema do "liberto" encontraram no preconceito racial a racionalização para justificar a sua existência e "necessidade" em um país católico. A exclusão do trabalho livre, variável conforme as regiões do país, o aproveitamento da força de trabalho negra como mão de obra barata ou a sua exclusão predominante do mercado de trabalho reforçaram as manifestações do "preconceito de cor", da estigmatização e da discriminação raciais. Hoje, o dilema racial do Brasil perpetua-se de modo complexo. O negro é excluído porque não estaria preparado como "trabalhador livre"; e não se converte em "trabalhador livre", porque lhe são negadas as condições de aprendizagem e de socialização. O Poder Público intervirá crescentemente nessa esfera, para acabar com o paradoxo.

§ 6º A oferta de ensino público gratuito não é suficiente para integrar e reter estratos da população negra nas escolas. O Poder Público corrigirá essa contradição oferecendo às crianças, jovens e adultos negros oportunidades escolares persistentes e em constante aumento através de bolsas escolares, destinadas à manutenção pessoal dos estudantes enquanto durar sua escolarização (cf. art. 213).

§ 7º O Poder Público procurou, primeiro através da "Lei Afonso Arinos" e, depois, através do art. 52, XLII, e da Lei n. 7.716, resolver os problemas do negro como uma forma de racismo. É importante caracterizar as manifestações de "preconceito de cor", de estigmatização e discriminação raciais nesses termos e puni-las como "crime inafiançável". No entanto, a realidade transcende esses limites. O branco precisa tomar consciência de seu comportamento preconceituoso e o negro necessita aprender que não pode eximir-se individualmente dos efeitos nocivos do tipo de racismo existente. O mais importante, porém, é que devem partir da verdade para coexistir fraternalmente como cidadãos de uma sociedade multirracial. A contribuição da escola e das instituições-chave serão manejadas pelo Poder Público nessa direção. O negro não é somente "igual perante a Lei". Ele ocupa uma situação desfavorabilíssima que precisa ser corrigida pela educação democrática, pelo convívio como cidadãos da mesma sociedade civil e do mesmo Estado.

§ 8º O negro destaca-se por sua herança cultural (folclore, religião, canto, música, danças, línguas etc.) e por acontecimentos históricos nos quais teve participação notável. Esses aspectos devem ser salientados pelo Poder Público, principalmente nas cerimônias públicas, nos livros didáticos especiais e na evocação das grandes personalidades negras, de Zumbi a Machado de Assis ou Cruz e Souza. O mesmo ocorre no êxito ímpar do negro em diversas atividades altamente valorizadas pela comunicação em massa e pelos padrões de gosto predominantes. Assim, o Poder Público enaltecerá as personalidades negras que colheram êxitos especiais nos campos das artes e das atividades cívicas para alcançar um efeito de educação multiplicativo: a consciência da igualdade dos cidadãos e do êxito do negro quando conta com a liberdade de usar o seu talento.

Justificativa

Há tempo o negro deveria contar com capítulo especial da Constituição da República Federativa do Brasil. Não só por sua contribuição ao nosso desenvolvimento humano, cultural e histórico, mas especificamente pelo que simboliza a Lei do Ventre Livre como uma espoliação final.

Se quisermos possuir uma República democrática temos de atribuir ao negro, como indivíduo e coletividade, um estatuto democrático. O negro tornou-se o teste número um da existência da universalidade e da consistência da democracia no Brasil.

Ele é um *experimento crucis* (um experimento crucial). A liberdade, a equidade e a fraternidade do negro nas suas relações com indivíduos pertencentes a nacionalidades transplantadas por imigrações e a outras raças e etnias redimem o nosso ser histórico do peso da negação e da destruição de raças negras portadoras de civilizações que enriqueceram para sempre o nosso patrimônio cultural. Além disso, graças a essas civilizações, o negro não se envolveu na formação do Brasil e somente como "escravo", "liberto" e "ingênuo". Rasgou um painel que colocou a liberdade em primeiro plano, graças a heróis como Zumbi ou Henrique Dias.

Cumpre assinalar, sobre toda e qualquer outra reflexão: os que foram lançados nos patamares mais inferiorizados da sociedade democrática são os que precisam e merecem um suporte ativo à sua formação humana – psicossocial, cultural e política. Não se trata de um "protecionismo especioso". Mas de corrigir uma injustiça que desgraça as pessoas e as comunidades negras. Para nivelá-los aos brancos, é imperativo conceder-lhes uma espécie de suplementação da condição humana e da posição social. Só assim as elites das classes dominantes se desobrigarão de um crime histórico que sobrecarrega e degrada a consciência crítica dos cidadãos bem formados e emancipa o Estado de sua intervenção nas páginas mais negativas de nossa perspectiva de Nação emergente. Ou liberamos o negro por todos os meios possíveis ou persistiremos escravos de um passado nefando que encurrala o presente e o futuro a uma abjeção singular.

Carta à liderança do PT

Brasília, 14 de dezembro de 1993

Exmo. Sr.
Deputado José Fortunati
DD. Líder da Bancada do PT na Câmara dos Deputados

Senhor Líder:
Como havia afirmado de público, na Bancada do PT, encarei uma das emendas em termos de "objeção de consciência". Comprometi-me, também, a apresentar a V. Exª as razões de minha posição, cuja gravidade avalio devidamente e cujas consequências estou firmemente decidido a enfrentar perante V. Exª, a Bancada, a Comissão Nacional Executiva e o Diretório Nacional.

Devo esclarecer que não tomei uma atitude de rebelião. Duas razões indicam a natureza dos vínculos que me prendem ao Movimento Negro. Primeiro, em colaboração com o Prof. Roger Bastide (1941 e 1951) e individualmente, realizei pesquisas e levantamentos sobre os negros em São Paulo e na formação e desenvolvimento da escravidão no Brasil. Escrevi, pela primeira vez, três artigos sobre "O Negro na Tradição Oral". Concebi e redigi o projeto de pesquisa sobre negros e brancos em São Paulo, que serviu de guia à investigação que elaborei em colaboração com Roger Batisde (1951). Suplementei e fiz uma sondagem sobre a imprensa negra em São Paulo (1954). Desse conjunto de sondagens resultaram os livros *Negros e brancos em São Paulo* (3 edições, com Roger Bastide) e, por acordo mútuo, o livre uso dos materiais (*A integração do negro na sociedade de classes*, 2 vols., tese de concurso de cátedra, publicado em 1964 e em edição posterior). *O negro no mundo dos brancos* (1972), *Circuito fechado* (São Paulo, 1977 – a metade do livro sobre "A Sociedade Escravista" e um balanço sobre a situação do negro 25 anos depois da pesquisa de 1951) e *Significado do protesto negro* (São Paulo, 1989), interpretações da luta do negro por sua expansão e evolução na sociedade escravista no Brasil. É óbvio que essa parte da minha bibliografia traduz a existência de vínculos com o dilema racial do negro que me obrigam a tentar transmitir aspirações aos companheiros do PT e do Movimento Negro, que nos obrigam a avançar junto com o PT no debate dos problemas raciais.

A segunda razão é mais complexa. O PT e outros partidos unem os "de baixo" ou os "condenados da terra" em um amplo movimento vertical de rebeldia coletiva. A Constituição de 1988 deu espaço ao companheiro Caó para incluir a criminalização do racismo entre seus temas vitais. Ficou ausente algo semelhante ao Capítulo VII (Dos Índios) a respeito Dos Negros (como Capítulo VIII). Como os radicais de 1968 na Europa, nos Estados Unidos e em outros lugares do mundo colocou-se o desafio do "objetor de consciência" (quanto à guerra no Vietnã, à emancipação das minorias nacionais, étnicas e raciais, da liberdade da luta dos jovens e dos radicais) na construção de uma sociedade democrática autêntica. Apesar das atitudes dos conservadores e dos "cidadãos responsáveis" esse movimento de insurreição histórica ajudou a subjugar a guerra no Vietnã e a erguer um mundo de maior liberdade durante e depois da II Guerra Mundial. O ocaso a que foi condenado não impediu que o mundo se transformasse e que a consciência social crítica se divulgasse globalmente. As minhas análises sobre o negro no Brasil – antes dessa rebeldia – prendiam-se à intenção de incentivar a autoemancipação de negros e mulatos de uma servidão invisível que se prolongou até nossos dias.

Como socialista, como militante de movimentos de protesto social, como sociólogo e professor, coloquei-me na vanguarda dos que combatiam pelo protesto negro. A "questão do negro" não é, apenas, uma "questão social". Ela é simultaneamente racial e social. Além disso, é a pior herança da sociedade de castas e estamentos. Ela trouxe para o presente todas as formas de repressão e opressão existentes em nosso país. É o teste à existência da democracia no Brasil. Enquanto não houver liberdade com igualdade do elemento negro, a ideia de uma "democracia racial" representa um mito arraigado entre os brancos, ricos ou pobres. Por isso, devemos repelir esse tipo de racismo, que indica objetivamente que formamos uma sociedade hipócrita e autocrática.

Sinto vergonha dessa realidade e penso ser meu dever lutar contra ela com todo o vigor. A democracia não pode excluir "os de baixo" e, especialmente, preservar a "vergonha de ter preconceito", mantendo-o e reproduzindo-o dissimuladamente. Prefiro participar da fraternidade dos companheiros negros e combater por uma democracia plena, na qual a liberdade com a igualdade seja válida como objetivo universal.

Agradeço a atenção que me for dispensada e aguardo da Bancada do PT apoio para a emenda.

Cordialmente,
Deputado Florestan Fernandes